中外名人传记

战争之神

拿破仑

黄萍——主编

巴蜀书社

图书在版编目（CIP）数据

战争之神——拿破仑 / 黄萍主编 . —成都：巴蜀书社，2018.9

（中外名人传记）

ISBN 978-7-5531-1052-3

Ⅰ.①战… Ⅱ.①黄… Ⅲ.①拿破仑（Napoleon，Bonaparte 1769-1821）—传记 Ⅳ.①K835.655.2

中国版本图书馆 CIP 数据核字（2018）第 206952 号

战争之神——拿破仑 黄萍主编

策划编辑 施 维
责任编辑 肖 静
出 版 巴蜀书社
成都市槐树街 2 号 邮编 610031
总编室电话：(028)86259397
网 址 www.bsbook.com
发 行 巴蜀书社
发行科电话：(028)86259422 86259423
经 销 新华书店
内文排版 泽雨
印 刷 四川省南方印务有限公司
版 次 2018 年 10 月第 1 版
印 次 2018 年 10 月第 1 次印刷
成品尺寸 152mm × 215mm
印 张 14
字 数 280 千
书 号 ISBN 978-7-5531-1052-3
定 价 33.00 元

前言

在西方的历史上没有哪个人像拿破仑这样如此长久地获得赞誉。他以个人非凡的努力，从普通的科西嘉岛民，成为法兰西人的皇帝，叱咤欧洲二十余年。他所建立的荣耀使得法兰西人在欧洲赢得了前所未有的尊敬。

在血雨腥风的大革命时期，这个科西嘉的小个子横空出世，受命于危难之际，在土伦之战中崭露头角，初露锋芒。他统领百万大军，先后亲自指挥了六十多次战役，决胜于千里之外，先后七次击败了以英国、奥地利、普鲁士等欧洲强国组成的反法同盟，他将军事战略战术发展到了一个新的高峰，被称为一代“军事巨匠”。

革命使得拿破仑登上了历史的舞台，而他以自己的方式使得革命扩展到整个欧洲，将欧洲人从沉睡中唤醒，撼动了欧洲国家的封建制度，为资本主义的发展创造了条件，推动了历史前进的步伐，将共和国自由的思想传遍了整个世界。他更是以法律的形式使得法国大革命的成就得以保存，而这部《拿破仑法典》至今仍是大多数国家法律的蓝本。更是因为这部法典，他成功地穿越了历史，并定格成为历史上一座不朽的丰碑。

拿破仑这样总结自己的成就："我的英名并非建立在40次胜利之战上，也不是由于我使得万邦臣服。滑铁卢战役就足以抹杀对那么多胜利的回忆，最后的一幕往往令人忘却第一幕呀。永不湮没的是我的法典和参政院的会议记录，我与大臣们的通讯……由于条文简明扼要，我的法典远比以往任何法典更可行、更有效。我所设立的学校、我所采用的教育方法在培育着新一代的人才，在我执政期间，犯罪率减少；而英国的犯罪却很猖獗……"

英国历史学家罗斯也不得不承认拿破仑在治理国家、激发人民才智、运用战争艺术等方面完全是超群绝伦、伟大之极。没有伟大的人物出现的民族，是世界上最可怜的生物之群；有了伟大的人物，而不知拥护、爱戴、崇仰的国家是没有希望的奴隶之邦！拿破仑不信奉任何宗教，一生中不相信什么显灵奇迹！他把自己的一切成就，归之于人类健全的理解力、组合力、想象力！

拿破仑从一个无名小卒，凭借个人的天才和勤奋、意志和勇气，成就了雄图霸业，赢得了生前身后名，在历史的长河中建立起了不朽的功勋。

目　　录

第一篇　科西嘉的小个子

我成功，因为志在要成功，未尝踌躇。

——拿破仑

荒野雄狮的诞生

1769年8月15日，是圣母升天和科西嘉岛归属法国王室一周年的日子，整个科西嘉岛到处洋溢着一股熙攘热闹的景象。阿雅克修城装饰一新，人们穿着鲜艳的衣裳，簇拥着到教堂去做弥撒，一群天真的孩子围在大人的身前身后，嬉戏跳跃。一时间，大人们的寒暄交谈声与孩子们的游戏玩闹声此起彼伏，充满了祥和欢愉的气氛。

当流动的人群缓缓地游走到律师夏尔·波拿巴家门口时，突然晴空一声霹雳，震慑了满街的欢声笑语，暖暖的夏季，竟使人们不由得一阵战栗。一大片乌云不知从何时涌过来，盖满了阿雅克修城的上空，滚滚炸雷从遥远的天际掷到人们的头顶，旋转着卷起的大风，把街道两旁的树木吹得“哗哗”作响，无数片青绿的树叶扶摇着被卷上了天空，一股股黄沙趁着风势卷向人流，同时，铜钱大的雨点从天而落，砸向人流的头顶。

“咔嚓”一道闪电当空而下，人们不禁掩住耳朵。但好一会儿，雷声却姗姗未至，当人们疑惑着刚放下手臂，猛听到律师波拿巴的屋内传出一个婴儿落地的哭声。这哭声高亢、尖锐，宛如天边轰轰的巨雷。这哭声极具穿透力，仿佛空气也被引起了共鸣。“呱呱”的哭声冲破了雨幕，悠悠扬扬，久久地弥漫在阿雅克修城的上空。

科西嘉岛

这个孩子便是夏尔·波拿巴的第二个孩子，为了纪念在与法国战斗中牺牲的叔叔，夏尔给这个头颅硕大的男婴起了一个与叔叔同样的名字——拿破仑，含有“荒野雄狮”的意思。夏尔夫妇和人们看着这个刚刚来到世界、并且似乎有着无穷力量的婴儿时，天却突然放晴了，风停了，雨住了，太阳把炫目的阳光重新洒在了阿雅克修的上空，一道横跨天际的七彩长虹，放射出万般绚丽的光芒。雨后清新的空气飘动着鲜花般的芬芳，不知名的小鸟们跃在枝头上啾鸣百啭，石阶路在雨水的冲刷下泛起银光，孩子们跳跃着又奔向了大街。

刚刚临世的婴儿——拿破仑·波拿巴停止了哭泣，睁开了双眸，那清澈深邃的目光转动着，紧盯着窗外的太阳，慢慢地，竟露出了微笑。

后来，当拿破仑·波拿巴征服欧洲大陆、登基称帝、彪炳千古时，人们总是会不约而同地把这天的风、雨和震耳欲聋的哭声联系在一起，并且赋予了许多极其美丽神奇的传说。

拿破仑的诞生，给夏尔夫妇带来了无限的欢愉，尽管在 18 个月以前，他们已经有了第一个儿子——约瑟夫·波拿巴，但科西嘉人骁勇善战的性格，使他们对每一位男孩都寄托着无比的希望。说来也怪，拿破仑在婴儿时不爱啼哭，也极少嬉笑，饥饿口渴时，也只是踢被蹬床，手足乱舞。夏尔似乎从这孩子的倔强执著中看到了自己生命的延续和事业的拓展。

背景知识

科西嘉岛独立运动

科西嘉岛原属热那亚商业国，18 世纪上半叶，岛上人民在自己的领袖保利的领导下，赶走了热那亚人，成立了科西嘉独立政府。

然而，1768 年 5 月 15 日，热那亚同法国签订了科西嘉归让法国的秘密协定，把对科西嘉的“权力”出售给法国。法国强大的远征军占领了该岛的沿海城镇。岛上居民对这种出卖和蹂躏科西嘉人民自由权利的行径极为愤慨，他们团结一致，在保利的指挥下，展开了反抗法国入侵者的战斗。

他们率领岛上的义勇军和法国远征军作殊死战。义勇军的将领们，奋不顾身地指挥部卒，迎击登陆的法军。在炮声隆隆、飞尘蔽天的激战中，曾经数次击退了登陆的法军。但是敌人仍是前仆后继、源源不断地增援而来。岛上的义勇军，终因寡众悬殊，火力不足而渐渐地败退了。

法兰西历史巨人拿破仑的父亲夏尔·波拿巴就曾带着妻子莱蒂齐亚·拉莫利诺参加当年的科西嘉保卫战。1769 年春，岛上居民被迫向征服者屈服。夏尔带着妻子顺从了法国人的统治，加入了法国籍。这一年的 8 月 15 日，拿破仑出生了。从小拿破仑就继承了父辈们的反叛性格，16 岁那年，拿破仑暗暗下定决心，有朝一日他要像保利那样，解放科西嘉，尽全力赶走法国人。拿破仑曾说："我永远不能原谅我父亲，当过保利的副官，竟会同意科西嘉并入法国，他应该与保利共命运，随同他倒下。"只是后来由于其撼动寰宇的历史成就才让他不再满足于科西嘉独立这点蝇头小利。

由于科西嘉岛资源匮乏、工商业落后、税收不足，岛上的人均生产总值比法国全国平均数低 30%，就业人口中有四分之一是国家公务员。自 1786 年成为法国领土以来，科岛全靠法国政府的财政支持度日。法国每年拨给科西嘉的财政补助达 114 亿法郎。长期以来，在法国人的眼里，科西嘉是与贫穷、落后相联系的，习惯中，法国人在想起自己国家的时候，从来没有意识到科西嘉的存在。与法国语言、风俗的迥然不同，则使科西嘉人往往有一种强烈的寄人篱下的感觉。

而法国社会各界对科西嘉岛问题的看法也不尽一致，一些人认为，科西嘉岛的财政是法国的一大负担，不如撒手不管，随它去独立。但更多的人不愿看到法国领土的一部分分离出去，民意调查表明，80%的科岛居民、60%的法国本土居民希望科岛继续留在法国。

组织邻居孩子玩打仗游戏是拿破仑的最爱。每次他都是把他的同伴们分成两部分，开始打仗，并且常主动担任弱方的指挥。在游玩时，他不仅跟对方较量体力和威猛，更多的是凭智取胜。他常指挥自己的部下在沙滩上挖下战壕，或是在岩石下埋伏重兵，打起来后自己一马当先，冲锋在前。每次都是他以弱胜强，以少胜多。他也一向都自信自己是战胜者。

久而久之，孩子们都把他当成了胜利的标志，争先恐后地想充当他的部下，在当时，这大大地满足了一个孩子的自尊。

许多年后，拿破仑自己也说：

“我成为元帅的历史，要从孩提时代讲起。”的确，拿破仑的军事天才不能不说是与生俱来的。

但每次战败的孩子总是跑到拿破仑的母亲莱蒂齐亚面前告状，在大人们的印象中拿破仑是一个野蛮的孩子。

夏尔对孩子多采取宽容的态度。但莱蒂齐亚却很严厉，每当这个时候，她便要斥责拿破仑，或打或罚。正是莱蒂齐亚的严教，才培养出了拿破仑这样一位旷世奇才。

这种带头淘气顽皮的游戏，直到拿破仑7岁上学后才有所收敛。这种变化并不是老师管教的结果，从来没有一位老师制服过拿破仑，拿破仑从来也不曾屈服过谁。这种变化是由拿破仑的哥哥约瑟夫的一句话引起的。约瑟夫酷爱学习，功课一直很好，常常要在拿破仑的强制下替他完成作业。

有一天，约瑟夫突然考了拿破仑一道比较简单的数学题，而拿破仑向来只知道嬉戏玩耍，荒废了不少的课业，一时瞠目结舌，答不上来。看到这种情况，约瑟夫只是缓缓地说了一句：

“拿破仑，你只是比我勇敢。”拿破仑的自尊心受到了极大的伤害，他突然感到他并没有完全“征服”约瑟夫，他仍有不尽天意之处。从那天起，他不再玩打斗游戏，开始迷上了数学。每天放学后，便钻进屋子演算数学题。

夏尔夫妇注意到了这种变化。先是孩子们的告状几乎绝迹，继而约瑟夫成了拿破仑相当友善的朋友，不再争斗。莱蒂齐亚是个有眼光的女性，她开始不断地、不露痕迹地称赞拿破仑，潜移默化地修正他蛮野的习性，并常把她所能知道的伟大人物的一些事情讲给他听。夏尔从一开始就偏爱拿破仑，从前拿破仑每每闯祸后，他多是从那些细微的事态中寻觅出这个孩子勇猛执著的优势而加鼓励。看到拿破仑的转变，又从约瑟夫嘴里知晓了整个事态缘由，他更加看重这个自尊心极强的儿子了。他特意给拿破仑砌了一间小房子，在墙壁上涂满了不同色彩的数学题，营造出一种学习氛围，专门让拿破仑在里边演绎数学，并在外边围上了篱笆。

已经儿女满堂的夏尔非常重视这个被称为“雄狮”的次子。他坚信这个孩子必将给波拿巴家族带来前所未有的荣誉。这一信念直至他 39 岁临终时仍未改变。

苦行僧式的学校生活

法国政府已经统治科西嘉将近 10 年，深知岛上居民性情强悍、非武力所能制服，便利用怀柔政策，笼络他们。凡是在法国政府机关服务的科西嘉人可以得到种种优待，例如颁发奖金，赐其子弟公费生待遇等等，改变科西嘉人对法国人的态度。

拿破仑的父亲夏尔因为在法国政府服务多年，而且法国国王路易十六对他的印象颇好。因此贵族学校就赠他的儿女公费生的待遇。

1779 年 5 月，未满 10 岁的拿破仑得到了公费生的待遇渡海到法国，进入布里埃纳军校，在那里一直攻读到 15 岁。他的基础教育就是在布里埃纳军校奠定的。

布里埃纳军校的课程包括写作、法语、拉丁语、日耳曼语、历史、地理、数学、图画、舞蹈和剑术。教师中有些人是教士，但是技术性课程主要由世俗教师担任。学校纪律相当严格，五年学习期间除非有令人同情的理由，否则一概不准请假。

拿破仑深知进入这个学校是不容易的，因而他非常珍惜这个能挤入法国军官阶层的机会。入校后，他更加如饥似渴地学习。他换上了蓝色制服，红色的边饰，一排白色纽扣，一件白衬里的蓝大衣，红、白、蓝相间，微风轻拂，很是英俊威武。但这里成天阴雨绵绵，营房破旧、纪律严厉、功课枯燥无味。

由于拿破仑沉默寡言，加之秉性清高，他的人缘很不好，经常有落寞之感。他那略带科西嘉口音的法语常常会引起同学们讥笑。他的名字在法语里面显得非常怪异，因此他的名字也成为了同学们的一个笑柄，轻蔑地称拿破仑为“科西嘉蛮子”。

教师开始时也与同学一样对他怀有敌意，冷眼相待，甚至动辄训斥、惩罚。一天，拿破仑触犯了一位教师，这位教师拿出看家刑罚：让他穿上苦行僧衣，跪在食堂门槛上就餐。拿破仑气得脸色发白，两眼圆睁，争辩道：“先生，我站着吃饭，不下跪！我在家里只对上帝下跪!”教师使用武力，拿破仑疼得在地上打滚，号啕大哭。

“你不是说只能向上帝下跪吗?”教师怒喝。正闹得不可开交之际，校长走来，阻止了这场恶作剧，拿破仑终于免遭侮辱。屈辱与敌意迫使他更加发愤去读书。他知道只有用功才能使他将来免遭嘲笑和侮辱，才能出人头地，他认为他天生就是当首领的。他沉浸在书的海洋里，如饥似渴，挑灯夜战，冥思苦想，解决难题。久而久之，面容憔悴，以至于母亲来探望时，一时竟认不出站在面前的是日思夜想的儿子。母亲心疼儿子，嘱咐他要注意身体，拿破仑倔强地答道：

“我不能屈属他人之下!”小小年纪就知道奋发图强，与一班吃喝玩乐的阔少形成鲜明对比。当时，各个军校里放荡行为在蔓延，甚至泛滥成灾。拿破仑生性纯洁、刚强，与这些越轨行为自然格格不入。在他身上，精神因素比感官因素占有优势。拿破仑顽强的性格终于赢得了好几位教师的称赞，也改变了同学们对他的敌意态度。

一个贫苦的幼儿背井离乡，远行求学，得不到慈母温柔的爱，谁也忍受不住的嘲讽戏弄或许足以摧垮一个意志薄弱的孩子，但是对于少年拿破仑来说，反倒增强了他克服困难、维护个性的决心。这位年轻的科西嘉少年往往蔑视他的同学而不是自暴自弃。他把全部的精力集中在课业上，14 岁的拿破仑在学业上已经小有成就，他的数学、历史和地理的成绩相当好，深得老师的好评。

1784 年，拿破仑从就读了五年的布里埃纳军校毕业了，他和四位同学作为士官生被推荐进了巴黎军官学校。

这所军校在法国名声极佳，学校师资阵容强大，课程设置了数学、法文、历史、地理、德文、英文、制图、击剑等，是一所培育国家栋梁的学校。

1784 年 10 月 21 日下午，乘着一辆马车，带着一些破烂而又残缺行装的拿破仑来到了巴黎，开始了在巴黎王家军官学校的生活。

以他的装束和行李来看，在繁华的巴黎确实是一个土包子。他注视着学校华丽整齐的建筑，哥特式的圆柱镶着黄金色的格子，如同宫殿一般。这里的学生大部分都是法国贵族子弟，他们平时出入都带着自己的随从，穿着华丽的外衣，这些人每天除了跳舞饮酒作乐之外，似乎没有什么其他特长。

出于对科西嘉的热爱，他对巴黎和军校学员们的奢侈生活与轻浮学风深恶痛绝，他曾上书学校当局：

“学生生活奢侈，所需费用一般家庭殊难承担。学生一旦沉湎于此，返回故乡无法适应清淡生活，走上疆场则忍受不住战争之煎熬。所以，校方应严禁学生雇佣私人侍从，取消佳宴与华奢服饰，令学生自理生活，食粗劣面包。只有如此，方能造就体格强壮、作战勇敢之军官，令士兵尊重与服从。”

尽管校方对此并未给予足够的重视和支持，但对一位15岁少年能有如此独树一帜的见解和嫉恶如仇的胆识却大大折服。

拿破仑在这里如饥似渴地吸取各种知识，并对炮兵学产生了深厚的兴趣。拿破仑基于对社会和政治的极大兴趣，以及家中贫困的原因，他只用了一年的时间就修完了学校规定的三年的必修课程，并且顺利地通过了毕业考试，他提前毕业了。当时的学校鉴定是这样写的：

“拿破仑·波拿巴，为人勤奋、谨慎，兴趣广泛，博览群书，酷爱抽象科学，擅长数学、地理；沉默寡言，喜欢独处；任性、高傲、自私、善辩，自尊心强，雄心勃勃，求知欲强，有培养前途。”

1785年9月，16岁的拿破仑被授予了少尉军衔，成为了科西嘉岛第一个从专业军校毕业的正式军官，他肩负着波拿巴家族的希望，他必须去实现父亲的梦想。

在许多年后，已成为皇帝的拿破仑曾这样评价他生命中的这一刻，他说：

“我一生中最骄傲的那一刻，是接受授予少尉军官，因为今天的辉煌正是在那一刻被点燃的，这才使我生命的航船渡入了腾达的航线。”

历史往往具有戏剧性的巧合，巴黎王家军校这次授予的56名少尉中，波拿巴名列第42名，而在证书上签名的就是日后在断头台身首异处的路易十六。当然，路易十六当时只是例行公事，甚至连波拿巴这个稀奇古怪的名字都不屑一顾。

可是，路易十六万万没有想到，是他的签名为这个无名小卒打开了迁升的机会！

比女人更美的自由

1785年11月3日，拿破仑来到了拉费尔炮兵团。初到炮兵团的拿破仑自以为可以将世界踩在自己脚下，但是拉费尔炮团却没有为他提供攀云摘月的阶梯，拿破仑曾经悲观的写道："在芸芸众生之中，我却总是孤苦伶仃……"

这里纪律涣散，风气不正，军官们大多嗜酒、找女人，距拿破仑想象的一展宏图的氛围相去甚远。他在失望之余，不由地想起了英国史学家卡赖尔的话："学会服从命令，是学习统治的基本的艺术。"

来到拉费尔炮兵团最初的3个月，他混杂在队伍中，开始当炮手，接着当下士，而后当中士；他站岗放哨，担任周值星官。直到1786年元月才正式就任，下团任职。因此他熟悉部队生活，为他后来善于向法国士兵讲话提供了良好的基础。

当时拿破仑的月薪只有73镑，收入非常少，为了生活，他必须节省着花钱。如果只剩下一个埃居的时候，他也是到奥雷尔书商家去买书或租书。当他的同伴玩得乐不可支的时候，他阅读了卢梭、孟德斯鸠、伏尔泰等人的著作，并不断地记着，写着，如痴如狂，废寝忘食，希望能够从书中找到自由和平等的真理。正是在这个期间，他尤其对卢梭的《社会契约论》（1762 年出版）感兴趣，深深地被卢梭所吸引了。卢梭的平等思想、卢梭那慷慨地赋予人民对暴君的反抗权利的思想深深地唤起了拿破仑的科西嘉情结，为他心目中的英雄保利等人的抗争行为找到了有力的理论武器。

卢梭像

就在保利生日那一天，他写下了论证科西嘉理应摆脱法国统治而获得自由的论文。文章中，他放怀写下了对科西嘉岛爱国志士们的歌颂；他接着提出，统治权的根源只可能有两种：其一，民众制定了法律并且自愿受君主的统治；其二，君主制定了法律。在上述第一种情况下，君主职权的性质就规定了他有义务履行契约。在上述第二种情况下，法律可能会照顾民众的福利，也可能不照顾民众的福利，而民众福利则应是任何统治的宗旨。如果法律不照顾民众的福利，民众与君主之间的契约就会自行废止，因为民众又会回复到原始状态去。

拿破仑在其手稿中这样确定了民众的无上权力之后，就用他的这套理论来证明科西嘉人对法国进行反抗是有理的，并且以这样一段话结束了他这篇稀奇的杂文集：“按照一切正义的法则行事，科西嘉人既然已经摆脱了热那亚的枷锁，也同样会摆脱法国人的枷锁。”

背景知识

《社会契约论》

《社会契约论》又翻译为《民约论》，或者称为《政治权利原理》，是法国思想家卢梭于1762年写成的一本书。

《社会契约论》的主要内容是探究是否存在合法的政治权威，“人是生而自由的，但却又处在无往不在的枷锁之中”。人们所说的政治权威在我们的自然状态中并不存在，所以我们需要一个社会契约。在社会契约中，每个人都放弃天然自由，而获取契约自由；在参与政治的过程中，只有每个人同等地放弃全部天然自由，转让给整个集体，人类才能得到平等的契约自由。

《社会契约论》全书共分4卷，第1卷主要论述了人类是怎样由自然状态过渡到政治状态的，契约的根本条件是什么。第2卷主要讨论国家的立法问题。第3卷论述的是政治法即政府的形成。第4卷在继续讨论政治法的同时阐述了巩固国家体制的方法。

“人是生而自由平等的，这是天赋的权利”，国家则是自由的人民自由结合的产物，是社会的共同力量相结合的一种形式，而这种形式，应该“以全部共同的力量来维护和保障每个结合者的人身和财富”，“这就是社会契约所要解决的根本问题”。《社会契约论》表达了卢梭学说的核心内容。它认为，既然国家是人们协商的结果，人民就有权利掌握国家政权，法律应是社会成员共同意志的体现。人民的主权是不能出卖、转让和分割的。该书根据自由行为是由行为意志和行为能力两种原因促成的原理，引申出国家必须把立法、行政两种权利分开的学说。提出人民意志是主权者，政府是共同意志的执行者。为了防止行政权以私人的意志篡改人民的意志，人民必须定期召开大会进行监督。如果人民的自由被强力所剥夺，人民便有起来革命的权利，可以用强力夺回自己的自由。它主张，人类得救的唯一希望，在于民众的共同意志永远是对的，并建立民主政治来表达推行这个意志。

《社会契约论》第一次提出了“天赋人权和主权在民的思想”。它刚一问世就遭到了禁止，卢梭本人也被迫流亡到英国。但《社会契约论》所提倡的民主理论却很快风靡全世界，并引发了震惊世界的法国大革命。法国国家格言“自由、平等、博爱”，便来自《社会契约论》。1789 年法国国民代表大会通过的《人权宣言》中“社会的目的是为大众谋福利的”“统治权属于人民”等内容充分体现了《社会契约论》的精神。《社会契约论》还对美国的《独立宣言》产生了重要影响，从罗伯斯庇尔到列宁，都曾用《社会契约论》为自己的政权作解释。

1978 年，在纪念卢梭逝世 200 周年的活动中，专门召开了国际研讨会，研究卢梭的思想，出版他的新传，推出以他为题材的电视剧。他的遗骸被安放在法国的伟人祠内。卢梭在《社会契约论》中预见的“消费者的各种陷阱，大城市的骚乱以及毁灭性的军费负担”等等，都已成为当代社会的现实问题。目前，单在法国就有 150 多位学者在专门研究卢梭的思想。

另外，他还大量地阅读了有关古代波斯人、西塞亚人、色雷斯人、雅典人、斯巴达人、埃及人和迦太基人的历史、地理、宗教、社会风俗等方面的书籍，研读了亚历山大、汉尼拔和凯撒等历史上伟大统帅的传记，以及炮兵技术、战术方面的书籍，并做了许多笔记。经过大量阅读、观察、分析和判断，拿破仑的视野逐渐跳出了科西嘉的圈子而转向更广阔的世界，他开始认识到封建专制制度才是一切苦难的罪魁祸首，争取平等与自由的观念在他的思想中深深地扎下了根。他很快成了法国革命思想的狂热信徒，他相信革命后的法国一定会让科西嘉人民与他们共享平等和自由。他开始把故乡科西嘉的命运同法国革命联系在一起，逐渐抛弃了那种要把科西嘉从法国独立出来的一贯想法。

在拿破仑眼中，科西嘉有如淳朴少女，而法国却是他勃勃雄心任意驰骋的天堂。“自由比女人更美。”拿破仑坚决地说：“在我们血管中流淌着的南方血液跟罗纳河水一起滚滚向前!”

少年时期的拿破仑

1789 年 7 月 14 日，法国大革命爆发，巴黎人民攻占了封建专制堡垒——巴士底狱，国王被迫让步，政权转移到资产阶级制宪会议手中。身为法国王家军官的拿破仑心中暗暗高兴，他自言自语道：“科西嘉的时代到了!”他要利用法国革命来改变科西嘉的命运。

伴随着法国革命在各地不断取得胜利，拿破仑对革命的热情更加高涨。

1792年5月28日，在科西嘉度假的拿破仑回到巴黎，向陆军部汇报了自己在科西嘉的活动。这时，仇视法国革命的奥地利皇帝和普鲁士国王，已向法国革命政府宣战。法国贵族和将军们纷纷倒戈通敌，前线军事指挥人员极其缺乏，贵族军官的逃亡，军队中缺额较多，7月16日，拿破仑被擢升为上尉。

1792年10月，拿破仑第三次回到科西嘉，担任科西嘉国民自卫军一个营的营长。这时，法国革命军已击退欧洲反动君主对法国革命的武装干涉，开始转入反攻。在南方，法军计划以科西嘉为基地，占领撒丁王国的马达莱纳群岛，作为打入撒丁的跳板。拿破仑奉命参加了这次战斗，这是拿破仑的第一次作战。1793年2月18日，拿破仑的一支小部队占领了马达莱纳群岛附近的圣斯特法诺岛，打乱了撒丁的防御部署。正准备扩大战果时，拿破仑突然接到指挥官停止进攻和返回的命令。愤怒的拿破仑把大炮扔进大海，返回了科西嘉。但是拿破仑的政见与统治科西嘉岛的保利不同，于是拿破仑全家被驱逐了。

帆船向普罗旺斯海岸驶去，拿破仑站在风帆下面，久久地凝视着科西嘉岛白云环绕的山峰，它渐渐地与天空融为一体。他多么热爱科西嘉这个小小的祖国，他曾要还她自由，可今天，她却把他驱逐出境，流放他方。但他后来仍时时刻刻想念她，温情脉脉，乡思万里。但他从此远走高飞，一去不复返了。过去，他心目中唯有科西嘉，只承认自己是科西嘉人，如醉如狂，怒火和妒火皆为她而燃烧。而现在，出于利害关系，出于满腔仇恨，同时也出于一种模模糊糊的崇高的赞美，这种崇高的赞美成了他万千新梦和无边希望的精神支柱，他感到自己是法国人，而且只想当法国人。他刚刚陷进去的内讧和族仇使他更清楚地认识到一个国家的伟大。这个国家宣告自由属于世界，这个国家，由于上层建筑的垮台而产生了全国大乱，自身还很虚弱，但它并不因此而却步，敢于与武装的欧洲抗衡，而且肯定要战胜它们。

背景知识

法国大革命

18 世纪末，法国封建制度极端腐朽，国王路易十六所代表的第一等级（僧侣）和第二等级（贵族）与广大的第三等级（资产阶级、城市平民、农民）之间的矛盾日益尖锐，群众运动不断高涨。

1789 年 5 月，国王被迫召集三级会议，继而改为国民议会和制宪议会。7 月 14 日，巴黎人民起义，攻占巴士底狱，革命爆发。8 月 26 日，制宪会议通过《人权宣言》。革命初期，代表大资产阶级和自由派贵族利益的斐扬派取得政权，制定了《一七九一年宪法》，召开立法会议，维护君主立宪政体，反对革命继续发展。

法国大革命

第一、二等级和大资产阶级取得了妥协，但和占法国人口大多数的农民和城市平民的矛盾依然没有缓和，相反，人民在斗争中看到了自己的力量。1792 年 8 月 10 日，巴黎人民再次起义，推翻斐扬派统治，逮捕路易十六国王。9 月 21 日，召开国民公会，次日宣布成立法兰西共和国。但当政的吉伦特派代表工商业资产阶级利益，既阻止革命深入发展，又不坚决抗击欧洲君主国家的武装干涉。王党发动叛乱，革命形势紧急。

吉伦特派的动摇和软弱注定了它失败的政治命运，它再也没有能力担负起历史本应交给它的使命，法国需要更强硬的政权来维持局势。1793 年 5 月 31 日——6 月 2 日，巴黎人民第三次起义，推翻吉伦特派统治，建立以罗伯斯庇尔为首的雅各宾派的革命专政。雅各宾派颁布《雅各宾宪法》，废除封建所有制，平定吉伦特派叛乱，粉碎欧洲君主国家的武装干涉；但仍保持反劳工的《列·霞飞法》和《农业工人强迫劳动法》，并镇压忿激派和埃贝尔派。

但不幸的是，雅各宾派过激和恐怖的政策，也使它走向分裂和内讧，陷于孤立的罗伯斯庇尔也未能完全守护住法国革命的成果，而反法同盟一而再地被各欧洲封建君主拼凑起来，它们一轮轮地围剿法国革命，企图恢复法国波旁王朝的封建统治。1794 年 7 月 27 日，雅各宾派中被镇压的右派势力发动“热月”政变，逮捕了罗伯斯庇尔和圣鞠斯特，建立热月党人统治。这时革命最危急的关头已过去，热月党人成立了新的革命政府——督政府，他们清除了罗伯斯庇尔时期的革命恐怖政策和激进措施，建立了资产阶级的正常统治，维护了共和政体，在法国国内维护了资产阶级革命的成果。

但国外围剿革命的势力仍是浊浪滔天，此时，督政府中又一个新的政治明星应运而生，他就是拿破仑，历史又淘汰了热月党人，在“雾月”政变中，年轻的拿破仑执政，担负起了扫荡欧洲封建势力、最后巩固大革命成果的重任。

法国的革命力量就是这样一波一波地行进，一批人完成了特定阶段的历史使命，就被历史无情地淘汰，如此行进直到革命的成功。这次革命摧毁了法国封建专制制度，促进了法国资本主义的发展，也震撼了欧洲封建体系，推动了欧洲各国革命。

土伦崭露头角

1793 年的法国发生着巨大变化。仇视法国革命的欧洲各国君主借口法王路易十六被处死，组织了第一次反法联盟军，进攻法国。法军连续的失利、贵族的叛乱及吉伦特派的倒行逆施，引起了法国人民的强烈不满。6 月 2 日早晨，8 万名武装的巴黎平民再次向杜伊勒里宫进发，推翻了吉伦特派的统治，雅各宾派建立了代表中、小资产阶级新的革命专政。

1793 年 7 月，盘踞在土伦和南方其他几个城市的王党分子为了推翻雅各宾派专政，恢复波旁王朝，竟然允许反法联军英国和西班牙舰队驶入土伦港，并将拥有 30 余艘舰只的法国地中海舰队，拱手交给了英国人和西班牙人。此后，其他国家的军队也都相继踏进这个地理位置十分重要的港口。到 9 月底，土伦的外国军队已经达到 14000 人。这一情况犹如晴天霹雳震惊了整个法国。为了捍卫新生的革命政权，打退国内外反革命势力的猖狂进攻，革命政府颁发了全国总动员法令，动员人民起来扫除叛乱、抵御侵略。没多久，两支大军便开赴土伦前线，一场著名的围攻战开始了。

围攻最初是由不中用的纨绔子弟卡尔托担任指挥。卡尔托过去是个画家，不谙军旅之事，战事屡屡失败，战绩极为不佳，炮兵指挥多马尔坦也在围攻战中受伤致残，收复土伦的前景十分黯淡。9 月中旬，由于萨利切蒂的推荐，拿破仑到达土伦前线担任土伦围攻部队的炮兵指挥官。

拿破仑一到这里就立即投入到紧张的工作中。他很快发现这里的炮兵形同虚设，既无足够的火炮，又无充足的弹药，只有几门破破烂烂的野炮和臼炮。士兵们没有起码的素养，也没有经过认真地训练，他们既不会使用火炮，也不懂得如何修理。更可笑的是，他的上司卡尔托竟缺乏炮兵方面的基本常识，对他那少得可怜的几门炮，连射程有多远都一无所知。面对如此状况，拿破仑首先想方设法搜集各种火炮。没多久，便弄到了近百门大口径火炮及大量的弹药。接着，他派专人到里昂和格勒诺布尔等地搜集一切有用的军械器材，并在奥利乌尔建立了一个有 80 名工人的军械工厂。为了解决炮兵的机动和工事构筑问题，拿破仑征用了从尼斯到瓦朗斯和蒙彼利埃一带的马匹，还在马赛安排生产了几万个供修筑炮垒用的柳条筐。

与此同时，拿破仑还仔细地观察了阵地，熟悉了每个局部的地貌。最后，他提出了攻陷土伦的作战计划。他认为应该首先集中主要兵力，攻占港湾西岸的马尔格雷夫堡，夺取克尔海角，然后集中大量火炮，猛烈轰击停泊在大、小停泊场内的英国舰队，切断英国舰队与土伦守敌之间的联系，迫使英舰撤出港口。这样，守敌一无退路，二无援兵，三无火力支援，法军只需很少兵力，便可迅速攻占土伦。拿破仑这一大胆而新颖的作战计划，显示了他敏锐的洞察力和丰富的想象力。接替卡尔托的杜戈米埃将军很快批准了这一方案。

这时英军似乎也认识到马尔格雷夫堡和克尔海角的重要性，竟派出 4000 人登岸驻守，征用了土伦一切人力来加强防御。英军扬言要把马尔格雷夫堡变成“小直布罗陀”。于是，一个月前还是可以轻易攻取的阵地，如今必须重兵进攻。拿破仑立即着手在小停泊场的北面构筑一个炮兵阵地，准备集中火力攻打马尔格雷夫堡。为了攻敌不备，拿破仑带领士兵用橄榄树枝对阵地进行了巧妙的伪装。因此，敌人对这项工程毫无察觉。

围攻土伦的日子终于临近了。12 月上旬，革命军的最后一批援军到达，使围攻土伦的兵力达 38000 人，超过了守敌一倍以

土伦之战

上，12 月中旬，突击部队和炮兵都按预定计划进入集中地域，并占领了预先构筑好的堡垒，完成了最后的进攻准备。

12 月 14 日，对土伦的总攻正式开始。法军使用 45 门大口径火炮，集中地向“小直布罗陀”猛烈轰击。一排排的炮弹掠空而过，飞向联军阵地。“小直布罗陀”顷刻之间变成了火海。在法军猛烈炮火的打击下，联军精心构筑的防御工事很快被摧毁。一些地段上的敌人，被迫放弃前沿工事，退守后面阵地。法军用猛烈的炮火整整轰击了两天两夜，直到 16 日晚，才真正发起冲击。

这天晚上，电闪雷鸣，海风呼啸，大雨滂沱，黑暗和恐怖笼罩着整个战场。午夜 1 点钟，在杜戈米埃将军的指挥下，法军 6000 人，从南北两翼开始攻击，直扑“小直布罗陀”。尽管“小直布罗陀”受到法军 48 个小时的炮击，但在法军进攻时，敌人仍在顽强抵抗。整连整连的法军在黑暗和混乱中迷失了方向。敌人猛烈的炮火使得大批法国士兵倒在血泊里。在几次进攻都被击退之后，法军许多官兵开始有些惊慌失措了，甚至产生了绝望的情绪。就在这关键时刻，拿破仑率领预备队冲了上来。拿破仑身先士卒，冲锋陷阵，他的战马被炮弹击毙，他的小腿被击伤，但他仍然坚守岗位，指挥战斗。拿破仑命令炮兵大尉米尔隆率领一个营从一条曲折的小路盘旋上山，出敌不意地从棱堡的后门攻入“小直布罗陀”堡。凌晨 3 时许，这个营突入“小直布罗陀”炮台，给后续部队打开了个缺口，许多英国和西班牙炮兵还没明白过来是怎么回事，便被法军杀死在大炮上。

法军占领了“小直布罗陀”堡后，立即调转炮口向敌人猛轰。敌人在拂晓前投入预备队反攻，企图夺回“小直布罗陀”，未获成功。战斗一直持续到天亮，敌人感到大势已去，放弃了毫无意义的抵抗。17日上午10时，法军在调整部署以后，再次向敌人发起进攻，又经过几个小时的激烈战斗，三色旗终于在“小直布罗陀”和克尔海角上空高高飘扬。

1793年12月18日，法军收复了土伦城。这一捷报立即传遍了整个法国，许多人不敢相信土伦这个曾被看作是无法攻克的堡垒竟会陷在一个初出茅庐、默默无闻的拿破仑之手。这意外的胜利格外激动人心，拿破仑也因这次战役由一个普通军官一跃为众人瞩目的风云人物，根据杜戈米埃将军的提议，拿破仑于1793年12月22日被破格提升为炮兵准将。1794年2月6日，国民公会任命拿破仑为意大利军团的炮兵指挥。

第二篇　站在幸福的门槛上

无所谓幸福，也就无所谓不幸。幸福者的生活是在一幅银色底片上显示黑色的星星。

——拿破仑

永难休止的恋曲

土伦之战使拿破仑一举成名，也给家产尽失、流落普罗旺斯的波拿巴家族带来了好运。

拿破仑不仅自己出人头地，他的哥哥约瑟夫也与同乡萨利切蒂交上了朋友，萨利切蒂与雅各宾派领袖罗伯斯庇尔之弟小罗伯斯庇尔关系颇佳，因这层关系，使约瑟夫巧结了婚缘。

他的弟弟路易也被拿破仑任命为参谋部少尉军官，得到了一个具有发展前途的位置。

这一段时间，拿破仑与罗伯斯庇尔兄弟交往甚密。对于罗伯斯庇尔兄弟所推行的革命恐怖政策他并不反对。拿破仑后来还说过，罗伯斯庇尔是“革命的替罪羊”。他同意雅各宾派这样一种信念：即在荡涤旧政体的污垢一事上，恐怖时期虽是令人痛苦的，却是一个必要的阶段。他服膺古斯巴达立法者莱克古斯的严刑峻法的主张。

罗伯斯庇尔

由于与罗伯斯庇尔兄弟攀上了交情，拿破仑一家的境况有了很大的改善。拿破仑在这段期间的生活充满了阳光，意想不到的是，更大的惊喜接踵而至，没过多久，拿破仑邂逅了他的初恋情人——欧仁尼·黛丝蕾。

欧仁尼·黛丝蕾是法国马赛很有名望的绸缎商人佛朗斯·克莱雷的女儿。佛朗斯·克莱雷还有一个儿子爱提安、女儿朱莉。国王路易十六死后不久，革命政府便以“效忠王室”的名义逮捕了爱提安。陷入恐慌的佛朗斯·克莱雷一家最后决定由15岁的黛丝蕾和爱提安的妻子去找市政厅国民议会特派员萨利切蒂，恳求释放爱提安。

在市政厅，黛丝蕾和她的嫂子并没有见到萨利切蒂，而见到了约瑟夫。在了解了情况之后，约瑟夫答应帮助她们，在交谈的时候，约瑟夫得意的透露出自己有一位当将军的弟弟，他说的弟弟当然指的就是拿破仑。

黛丝蕾是个聪明的姑娘，她看到约瑟夫英俊有为，便有意将自己漂亮的姐姐介绍给他，她大胆的向约瑟夫说道："我代表全家对您的慷慨帮助表示感谢，并盛情邀请您和您的将军弟弟来做客。"约瑟夫非常渴望与富商攀上交情，于是很愉快的便答应了黛丝蕾的邀请。当天下午，爱提安便出狱了。

第二天，黛丝蕾一家迎来了恩人——约瑟夫和拿破仑。黛丝蕾一心想看到约瑟夫所描述的那位将军是如何的威风凛凛、气度不凡，但当他看到拿破仑第一眼时便失望了。拿破仑身材矮小，头发凌乱，身上穿着皱巴巴的军装，鞋子上布满了尘土，不修边幅的形象与约瑟夫干净利落的打扮形成了鲜明的对比。总之，黛丝蕾对拿破仑的印象糟透了。

客厅里，爱提安与约瑟夫、拿破仑正在谈论军队的事。拿破仑精辟的见解、远大的抱负、不凡的气质不但打动了爱提安这个安分守己的商人，也使偷听他们谈话的黛丝蕾改变了对拿破仑的看法。黛丝蕾发现她已经被这位坚强、果敢、刚毅的男人所散发出来的魅力深深地吸引了。

雅各宾派恐怖统治

当拿破仑与黛丝蕾单独相处时，拿破仑敏锐的感觉到黛丝蕾可能是已经喜欢上了自己，其实在见到黛丝蕾的第一眼时，拿破仑也是心有所动。

拿破仑除了日常安排炮兵军事工作外，便频频与黛丝蕾约会。他们常常漫步街头，谈卢梭，谈伏尔泰，谈歌德的《少年维特的烦恼》。拿破仑亲昵的称黛丝蕾为“欧仁尼”。两位初涉爱河的年轻人，经过了一段热恋后，终于订婚了。

处死罗伯斯庇尔

1794年7月，拿破仑被委派到处境非常窘迫的热那亚共和国去执行一项使命。该共和国当时承受着来自三个方面的压力：其一，来自英国的战舰，它们在热那亚的领海上突然袭击了法国快速舰“谦逊”号；其二，来自从西面入侵的军队；其三，来自从北面入侵的奥军。尽管困难重重，这位年轻的使者仍然使得心烦意乱、不知所措的热那亚政府首脑和元老院服从了他的意志。按理说，拿破仑可以得到法国的嘉奖。但是，他回到尼斯不久，却遭到扣留，被囚禁于昂蒂布附近的一个堡垒。

原来，反对雅各宾的分子于1794年7月27日精心策划了一场政变，雅各宾领导人罗伯斯庇尔，被送上了断头台。一时间，法国上空阴云密布。

热月政府也使拿破仑命运受挫。罗伯斯庇尔曾是他坚强的后盾，但是现在所有与他们兄弟过从甚密的人都成了政治上的嫌疑分子。

背景知识

热月政变

热月政变是法国大革命期间发生的颠覆雅各宾专政的政变，发生于1794年7月27日（按照当时共和历为8月9日）。1794年春夏之季，法国经济、政治局势趋于缓和，恐怖政策开始引起普遍的反感。执政的雅各宾派首领罗伯斯庇尔等人继续实行高压政策，国民公会代表人人自危。1794年6月，罗伯斯庇尔促使国民议会通过牧月法令，简化审判程序，这项法令使得更多的人被送上断头台。国民公会中反对罗伯斯庇尔的情绪日益滋长，塔里安、巴拉斯、富歇等人进行了频繁的幕后活动，准备发动政变。罗伯斯庇尔察觉了反对派的阴谋。热月8日（1794年7月26日）他在国民公会发言指控他的敌手，而议会并未像以前那样报以热烈的欢呼。热月9日，忠于罗伯斯庇尔的圣鞠斯特准备争取国民公会的支持，但他的发言被打断。会议不但拒绝了罗伯斯庇尔发言的要求，而且通过了逮捕罗伯斯庇尔的决议，同时被捕的还有雅各宾派的中坚分子圣鞠斯特、古东等人。罗伯斯庇尔的追随者曾一度将他们救出，但由于他们无法把反应冷淡的群众动员起来，巴拉斯指挥军队重新逮捕了罗伯斯庇尔等人。次日下午，罗伯斯庇尔等人被送上了断头台。至此，雅各宾专政结束，热月党人统治开始。

仅仅这次“热月党人”的政变本身，就足以使拿破仑有丢掉脑袋的危险。而且他在不久以前还提出过一些有关战略的建议，这使得他的处境变得更加危险，因为阿尔卑斯山区的法军在作战中莫名其妙地接连失利，将领们在追究作战不力的原因中，发现根源就在于拿破仑的建议。他们把对他的怀疑之点写成告密信，报告救国委员会。信中还说，阿尔卑斯山方面的军队一直被小罗伯斯庇尔和里戈的阴谋弄得无所作为。许多人即使罪过不那么严重，也会丢掉脑袋的。但拿破仑有一道可靠的护身符：他是一个不可或缺的人物。特派员萨利切蒂和阿尔比特仔细研究了有关拿破仑的种种书面材料以后，决定暂时先恢复他的自由，予以释放；但是又过了几个星期以后（直到1794年8月20日），才恢复他的将军的军衔。释放他的主要理由是，他的知识与才能也许

热月政变

今后对法兰西共和国有用。

重获自由的拿破仑对黛丝蕾无比思念，但是他不能再到黛丝蕾的家中去看望她，因为拿破仑被捕之后，黛丝蕾的家人已经不允许她和拿破仑交往。一天晚上，拿破仑再也忍不住对黛丝蕾的思念，来到了黛丝蕾的屋外，唱起了约定好的暗号《马赛曲》，唤出朝思暮想的情人。

听到拿破仑熟悉的声音后，黛丝蕾一下子爬起来，鞋也没穿，披着睡衣就冲到了花园。《马赛曲》猛然止住。

一双有力的臂膀紧紧地拥住了到来的黛丝蕾。

黛丝蕾只觉得挂满泪水的颊被急切地亲吻着，那温厚的唇尚在喃喃地道：

“欧仁妮，我的宝贝，我的宝贝……”黛丝蕾抚着心上人又见消瘦的脸，也哽咽着：“波拿巴，是你吗？是梦吗？是梦……”

拿破仑把娇弱的恋人用军大衣裹起来，抱到自己的膝上，深情地说：

“我的欧仁妮，我再也不能没有你，我们结婚吧。”黛丝蕾笑了，道：“我还没满16岁，你被捕的这段日子，哥哥一直禁止我提起你。”拿破仑道：“我是无辜的，所以他们放了我。”

“我的宝贝，我等你到16岁，我们就结婚。我先征服我的世界，我还是一名将军，我还要去带领部队。”

“你去吧，我等你，一直等你回来接我。”拿破仑确实要走了，而这次的任务是去解放他曾魂牵梦旋的科西嘉。

但是，出征科西嘉岛的结果不佳，拿破仑没有取胜，他的天才没有用武之地。法国的舰队被英国打败并仓皇退回了法国的海岸。拿破仑负责视察海防炮兵阵地的职务被其他人代替。雄心勃勃的拿破仑不甘心这样碌碌无为的度过一生，他需要一片广阔的天空振翅翱翔。

巴黎的谋职生涯

拿破仑为了寻求他的新生活来到了巴黎。

拿破仑是怀着东山再起的心情来巴黎的，他用自己才华横溢的大脑来一图发展，重新活出一番气度来。

由于罗伯斯庇尔的倒台，刚刚来到巴黎的拿破仑失去了他的保护伞，他企图东山再起，却总是没有门路，直到有一天，他终于打听到了原来的炮兵老上尉奥布里，现在是救国委员会委员，负责国防部的事务。但是这位在巴黎可以算得上是一位有实力的人物却气量狭小，他十分妒忌有着作战才华的拿破仑。

他终于找到了戏耍拿破仑、安慰自己嫉妒之心的机会。奥布里故意将炮兵专业的拿破仑安排到步兵，让他担任步兵指挥军官，去法国的旺代镇镇压内乱。对于昔日上级安排的职务，拿破仑深感愤怒，认为这是对他的羞辱，而且他对卷入法国内战一点都没有兴趣，但是为了留在巴黎等待时机，拿破仑便以“身体欠佳”为由拖延报到的日期。

在这段期间，拿破仑与同他一起来巴黎的朱诺和马尔蒙闲居在巴黎拉丁区一家偏僻的旅馆。由于求职失败，穷困潦倒的拿破仑整日郁郁寡欢，长吁短叹，身体日益消瘦。

而现在远在马赛的黛丝蕾也陷入了痛苦之中。分别对刚刚品尝到甘醇的爱情的她来说只能增加她对拿破仑的思念。她给正在巴黎求职的拿破仑写了一封又一封的信，希望鸿雁传书能够将她的思念和对拿破仑的爱恋带给拿破仑。黛丝蕾的信为拿破仑贫困潦倒的生活增添了一丝亮色，安慰着拿破仑惆怅的心。拿破仑也给黛丝蕾寄去了一封封写满灼热语言的信，在频繁的信件往来之后，拿破仑突然再也没有收到黛丝蕾寄来的信。在无比的紧张与不安中，他在给约瑟夫的信中询问道："你的信总是干巴冰冷，从不对我讲欧仁妮的事情，甚至于我都不知道她今天是不是还活着。"后来他才知道黛丝蕾与母亲已经搬迁到了意大利。

与恋人中断了联系之后，百无聊赖的拿破仑埋头在小旅馆里，不拘形式地写了一篇小说，名为《克利松和欧仁妮》，这是用心蘸着情感写成的。

在巴黎饱受煎熬的拿破仑终于有了转机。救国委员会的奥布里被调离岗位，接替他的是一个年轻人——杜尔赛·德·蓬太库朗。拿破仑想尽办法接近他，博取他的好感。拿破仑为意大利方面军和阿尔卑斯方面军写了一份作战方案，正是这份方案打动了蓬太库朗，这份方案让他看到了拿破仑的作战才能，于是他准备给拿破仑晋级，并委派拿破仑到救国委员会测绘局任职。

他在听到这个重要的提升的消息时，第一个想法就是，这个工作可以使他有机会前往土耳其，帮助土耳其苏丹组建炮兵。他上任几天之后就正式提出前往土耳其的申请，这是他向往东方的第一个具体证明，他对东方一生念念不忘。但是，正当他眼巴巴地望着东方的时候，他却受到了一个严重的挫折。救国委员会要批准他的申请的时候，有关方面审查了他最近的行为，发现他由于未到旺代的部队司令部去上任而违犯了军纪。在救国委员会一个部门授权批准他前往君士坦丁堡的当天，中央委员会却把他从将领名册中除名，并吊销了他的军衔。

遇到挫折的拿破仑一筹莫展，灰心丧气。他到巴黎各部队去，希望能够找到欣赏自己的将领，但是巴黎的各个部队由于拿破仑支持过前任政府，对他充满了敌意，处处碰壁。最后命运之神还是没有忘记拿破仑，让他在饱受挫折之后，给了他一个展翅高飞的机会。

三个星期之后，好运降临到了拿破仑的头上。拿破仑被当时担任国民公会主席的巴拉斯看中，任命他为国民自卫军的副司令官。拿破仑为什么会被这样一个炙手可热的人物挑中呢？

当时，热月党人虽然把持着法国的政权，但是统治并不稳定。因为政权的变更并没有给广大的人民群众带来实际的利益，而且新政府还取消了法国人民有权反对违反人民意志的诸项条款，激怒了民众。保王党人趁火打劫拥立路易十六的弟弟为路易十八，准备把热月政权扼杀在摇篮当中。热月党政权面对不利的形式把巴拉斯推上了巴黎武装部队司令的宝座，坐在宝座上面的巴拉斯缺少军队统帅的才能，整天混迹于温柔乡之中，过着纸醉金迷的生活。

巴拉斯迫切的需要找到一个能征善战的下属，替他把那些叛乱分子一一清除，他想起了拿破仑——一个穿着破灰大衣、曾几次找他帮忙的瘦削的年轻人。他太了解拿破仑了，他知道拿破仑是个退职将军，在土伦之战中显示了他的军事天才。后来发生了一些不快的事，现在穷困潦倒，薪俸微薄。巴拉斯命人将拿破仑找来，问他能否把叛乱镇压下去，拿破仑考虑了几分钟，给了肯定的答复。但他附加了一个条件：谁也不能干涉他的指挥。他说："等大功告成以后，我才会放刀入鞘。"就这样，拿破仑如同一只久缚的雄鹰准备展翅高飞了。

时来运转的葡月

因为临危受命，重获兵权的拿破仑心中的愁云一扫而光。

此时热月政权的统治已经岌岌可危，法国大部分地区已经被保王党控制。对于这些拿破仑没有丝毫的畏惧，他对自己与生俱来的军事天才充满信心。他坚信，在未来的战场上，他必能所向披靡。为此，他神采奕奕，眼神充满了希望，他开始进行缜密的部署。

炮兵出身的拿破仑对大炮十分熟悉，他首先想到的就是如何使用大炮。可是，当时在巴黎杜伊勒里宫附近竟然没有弹药和炮兵。拿破仑在得知巴黎西北的撒布隆营房闲置着 40 门大炮后，立刻下决断，指挥骑兵将这些大炮布置在杜伊勒里宫，并重新部署了国民公会的防卫，大大加强了巴黎的保卫工作。

在准备作战的过程中，士兵们对战斗的取胜毫无把握，因为 4000 步兵对抗 4 万的叛军，敌我力量实在是差别太大了。面对着这支萎靡不振的军队，拿破仑知道，统帅是部队的榜样，必须使士兵们相信在他的指挥下胜仗是理所当然的事情。拿破仑下的命令，干脆利索，清楚及时，他还经常到部队中间激发士兵的士气。法军的激情被带动起来了，必胜的信念感染了颓废的士兵，他们个个生龙活虎般地投入了战前准备。

1795 年 10 月 5 日，保王党的部队发起了进攻。拿破仑在叛军必定要经过的交通要道布下重兵，在街道两端各架设了两门 8 磅炮，他还在卡鲁赛尔广场留下了三门 8 磅榴弹炮，对准那些可能被叛军纵火的房屋。

叛乱队伍从各个街道蜂拥而至，向各据点发起了进攻，拿破仑看准时机，火炮齐发，击溃了叛军的先头部队，后面的保王党队伍乱成了一团，仓皇退回了筑有街垒防护的教堂。

为了彻底地击败躲避起来的叛军，拿破仑命令建立在各地的据点，趁敌人喘息未定，化守为攻，主动出击，一举歼灭叛军。次日，叛军宣布投降，并解除了全部的武装力量。叛乱平息了，热月党得救了。

在这次平定叛乱的战斗中，拿破仑指挥若定，身先士卒，他的战马两次中弹，当他踏着叛军的尸体接受人们欢呼时，他已经是骑在第三匹战马上了。

这次战斗使拿破仑成为了英雄，在巴黎人的心目中，拿破仑挽救了共和国。在巴黎人的口中“拿破仑”三个字一时间成为了出现频率最高的词汇，人们亲切的称呼他为“葡月英雄”。但是拿破仑并不喜欢这个称号，因为这一称号总是让他想起巴黎街头的隆隆的炮火和扑面而来的血腥。拿破仑后来曾说过，他宁愿减少自己的生命来撕掉个人经历上的这一页。

国民公会一致决定，任命拿破仑担任法国内防军总司令，兼任巴黎卫戍副司令，晋升少将，还成为了势力强大的共和国督政官巴拉斯的密友及作战部队独立指挥官的候选人。

这位曾经不修边幅的、寒酸潦倒的年轻人，在这次命运转折的一战之后，社会地位迅速上升，迈向权力巅峰的命运之门从此打开。

迎娶约瑟芬

成为了葡月将军的拿破仑搬进了高级旅馆，个人的生活也变得丰富多彩，他开始流连于上流社会，在宴会上认识了一位贵妇，并被她迷得神魂颠倒，最后同她步入了婚姻的殿堂。这个人便是约瑟芬。

约瑟芬

约瑟芬出生在拉丁美洲的马提尼克岛，在岛上度过了自由自在、无忧无虑的童年后，约瑟芬来到了巴黎，在 15 岁的时候嫁给了她家乡殖民地总督博阿尔内 18 岁的儿子。

约瑟芬的丈夫大部分的时间都是在外旅行，把精力投入到了创新思想的运动当中去了，约瑟芬生活中唯一的消遣便是阅读丈夫的来信，可是信中并没有一个丈夫对一个妻子应有的情意缠绵和温柔体贴，事实上他们并没有什么感情可言。

他们在结婚的第六年离婚了，约瑟芬搬到了一个贵族避难的场所，单独抚养自己的一双儿女。

拿破仑和约瑟芬相识是在塔里昂夫人举办的一次宴会上。当拿破仑第一次见到风情万种、成熟性感的约瑟芬时便被她吸引了。在拿破仑的眼里，约瑟芬是那样的无可挑剔。直到晚宴结束，拿破仑的眼睛都没有离开过约瑟芬的那张俊脸。

一天，拿破仑正在屋内起草文件，突然一位纤弱俊美的少年闯到了他的办公室，进门就跪在拿破仑面前道："波拿巴将军，我是博阿尔内子爵欧仁·德·博阿尔内。我父亲已死在雅各宾党的断头台上了。我是小孩子，不会去做反对将军的事，只是希望能把我父亲的剑归还于我，以此纪念我的父亲。"欧仁的这项请求在当时是与督政府颁布的严禁市民私藏任何武器的命令相违背的，但是拿破仑看着这位面目颇似博阿尔内夫人的少年，竟然答应了。拿破仑不知道这一切都是约瑟芬一手策划安排的。约瑟芬安排此举，一来可以试试拿破仑的权力到底有多大，另一方面是考验拿破仑是否对自己有意。

第二天，在拿破仑办公的时候，约瑟芬走进了房门。拿破仑只觉得眼前一亮，约瑟芬借口代替自己的儿子向拿破仑表示谢意，邀请拿破仑到她的家中共进晚餐。看到了刻意打扮的约瑟芬，拿破仑着实惊喜了好一阵，满心欢喜的答应了约瑟芬的邀请。

拿破仑彻底的迷恋上了约瑟芬，上班以外的所有时间，他都是和约瑟芬一同度过的。用薪金给约瑟芬买贵重的礼物，出双成对的出入各种舞会，进入各种高档的场所。久经情场的约瑟芬同拿破仑谈政治和生意，关心他的生活，帮他出主意。她已经成为了拿破仑生活的重要的一部分。

拿破仑与约瑟芬准备结婚了。在婚前，依法国巴黎习惯，首先是男女双方的财产公证等事宜需要办理。

约瑟芬的公证人拉吉多先生对拿破仑有怀疑，他告诉约瑟芬，这位小将军只是一夜之间冒出来的蘑菇而已，明天就会干枯掉。“只有披风和剑”的没落贵族，名声不正，有什么前途可言？他只是需要她成为“军队的后勤”。8年以后，拿破仑报复了这位公证人，在加冕礼的前夕把他召进杜伊勒里宫，“宣判”他非参加在巴黎圣母院举行的加冕仪式不可。

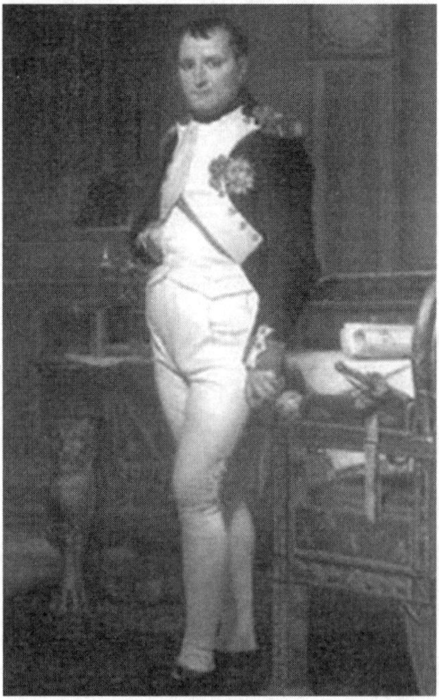

拿破仑

1796 年 3 月 9 日的晚上，在市政府里，拿破仑和约瑟芬举行了没有宗教仪式的婚礼，起用拿破仑的巴拉斯则是他俩的证婚人。

结婚的前一周，拿破仑被任命为法国意大利方面军司令官。当时法国为了彻底地打败欧洲第一次反法联盟，完全解除外来的军事威胁，督政府决定要在1796年开展积极地军事行动。他们认为，在当时的情况下，主要进攻目标是奥地利军队，理想的战场是在德国的南部和西部。为此，法军统帅部提出了一个作战方案，计划派出两路大军，分别由儒尔当将军和莫罗将军统率，在莱茵河一线展开，同时东进，矛头指向奥地利首都维也纳。

拿破仑认为，为了打败奥地利，扩大法国革命的影响，应该开辟南线战场。具体的便是首先要歼灭奥地利和撒丁王国的联盟军队，夺取皮埃蒙特和伦巴第地区，把奥军逐出意大利，将战场推向提罗尔和奥地利的本土。这个作战方案一举两得，既可以解除法国东南部所受的威胁，又可以避开奥地利的主力军团，从南面迂回至奥地利的首都维也纳。

鉴于拿破仑的军事威信和他建议的实际价值，督政府同意了拿破仑的作战方案，并任命他为意大利军团总司令。还没有来得及享受蜜月的拿破仑在新婚后的两天就与自己的妻子告别，踏上了征服意大利的征途。

第三篇　意大利战场上的雄鹰

不想当将军的士兵不是好士兵。

——拿破仑

意大利战场首战告捷

贝尔蒂埃

出任意大利军团总司令的拿破仑上任后的第一件事就是组织一个精明强干的司令部智囊团。他选定贝尔蒂埃当他的参谋长。贝尔蒂早年是一位绘图员，曾以参谋身份参加过美国独立战争。贝尔蒂埃非常勤劳、仔细，他善于读地图，了解一切搜索方法，能准确无误地颁发命令，他对最复杂的部队调度极为内行。这对于能自作决定的拿破仑来说，他无疑是一位最理想的参谋长。除了贝尔蒂埃以外，拿破仑又选了 2 名副官，他们是在土伦战役中选拔出来的青年炮兵军官马尔蒙上尉和朱诺上尉。另外，他还将在葡月 13 日帮助他平定叛乱的骑兵队长缪拉中校和他的幼弟路易也带在身边。

3 月 27 日，拿破仑一行到达意大利军团驻地尼斯之后建立了司令部。三天后，拿破仑在检阅自己部队的时候心中萌发了无限的感慨。这一支军队炮兵、骑兵严重不足，士兵们没有军饷，没有军粮，没有饲料，没有鞋袜，没有衣服，没有营帐，没有扎营家具，没有运输工具，物质生活极为困乏。饥饿的军队到处抢劫和偷盗，反抗和开小差不时发生，士气十分低落。

面对着前几任军官留下的烂摊子，拿破仑立即着手整顿军纪。然而，年仅 27 岁的拿破仑要想控制这支军队并非易事。这里的下属军官只服从年长的或功绩更大的长官，对这个身材矮小、不修边幅、说话还带有难听的科西嘉口音、并非十分有名的年轻司令，根本不把他放在眼里。

当然，拿破仑也清醒地认识到，要真正严肃军纪，制止偷盗行为，单靠枪毙一些人是无济于事的，必须使自己的军队有衣服鞋子穿。而要得到这些东西，必须鼓励士兵用武力向敌人索取，而不是等待政府的供应。于是，他迅速宣布了一个突破意大利通道、变敌方最富饶地区为战场的大胆计划。在出征前，他发表了极富煽动性的动员演说。他说："士兵们，你们缺吃少穿，共和国亏欠你们很多，但是国家还没有力量还债。我是来带领你们打进天下最富庶的平原去的。丰饶的省区、富裕的城镇，全都任凭你们处置。士兵们，你们面临这样的前景，能不鼓起勇气坚持下去吗?”这是他第一次对自己的部下讲话。士气日益低沉的士兵们听了这位年轻无畏的带头人的一番演说后，无不满怀希望和信心。

1796 年 4 月 5 日，拿破仑开始了对皮埃蒙特的征服。为了更快捷地到达目的地，他一反常规，率领部队从阿尔卑斯山沿海山脉有名的“天险”处翻越阿尔卑斯山。尽管沿岸巡逻的英国舰队对他们不断地进行炮火轰击，但拿破仑毫无畏惧，显现出惊人的勇敢和镇定。4 月 9 日，部队平安地越过了“天险”。

背景知识

撒丁王国

伊曼纽尔二世纪念堂

撒丁王国亦称皮埃蒙特—撒丁王国，意大利境内的封建王国之一。1720 年，皮埃蒙特君主萨伏依公爵阿马戴乌斯二世依据 1718 年各大国签订的伦敦条约，被迫将西西里岛让与奥地利换取撒丁岛，皮埃蒙特——撒丁王国建立，统辖意大利西北部和撒丁岛。欧洲 1848 年革命时期曾颁布自由主义新宪法即阿尔贝特宪法，实行君主立宪制度限制王权，建立两院制议会，使地主资产阶级自由派掌握政权。此后逐渐成为意大利半岛上资本主义经济最发达的王国，为 19 世纪 60 年代意大利的统一奠定了基础。1861 年意大利王国建立时，撒丁国王伊曼纽尔二世成为第一位统一意大利的国王。

当时驻守在皮埃蒙特境内的由科利率领的撒丁军，共计 80000 人，并且配备强大的骑兵和压倒优势的炮兵。而拿破仑的军队只有 40000 多人，且炮兵、骑兵均不足。面对敌我力量的巨大差距，拿破仑并未感到沮丧。他非常自信地认为：迅速调集兵力可以弥补人数不足的缺陷，灵活性可以弥补炮兵不足的缺陷，选择适当的阵地可以弥补骑兵不足的缺陷。拿破仑凭着对这个地区地形的熟悉，了解到在蒙特诺特附近的一片楔形山区，是奥撒联军阵地易受攻击的弱点所在。于是，拿破仑决定集中兵力首先从这里打击敌军，把奥军和撒军双方切断，从而使自己一开始就获得主动地位。他把兵力分为三部分：前卫 19000 人，由马塞纳

曾经是战场的皮埃蒙特

指挥，据守蒙特诺特和代戈以挡住奥军。主力 12000 人，由奥热罗指挥，从西面向切瓦发动进攻。左侧卫 10000 人，由塞律里埃指挥，从南面向切瓦进攻。这样部署的目的就是先击败切瓦及其附近的撒丁军队，再来对付奥地利人。

就在大战即将开始之时，一个突发事件打乱了拿破仑的部署。原来，法国政府由于财源短缺，曾在 3 月间派人前往热那亚借贷，但遭到了热那亚人的拒绝。督政府决定给热那亚人施加压力，迫使其同意贷款。于是，督政府命令防守萨沃纳的军队向距离热那亚只有 10 公里的沃尔特里推进。这一行动震惊了奥军，他们误认为法国人要进军热那亚，因而急忙敦促博利厄元帅迅速南下，增援热那亚。对于这个意外事件，拿破仑开始十分恼火，因为这样一来，不仅打乱了他的全部计划，而且破坏了热那亚的中立国地位，使法国远征军丧失了一个重要的补给港口。然而，拿破仑很快发现，对热那亚的威胁可以吸引大量奥军，从而分散了敌人的兵力和注意力，这倒有利于他的作战计划的实施。拿破仑看准了这一时机，于 4 月 6 日命令防守萨沃纳军队的余部继续向沃尔特里增援，以迷惑奥撒联军总司令博利厄。

博利厄果然中了拿破仑的圈套。博利厄错误地认为法军主攻方向是热那亚。他把大本营移到诺维，把军队分成三部分：右翼由科利指挥的撒丁军队组成，司令部设在切瓦，其任务是扼守斯图拉河和塔纳罗河一线，保障奥军的侧翼安全；中路由阿尔热托指挥，司令部设在萨塞洛，其任务是占领蒙特诺特，在法军向热那亚推进时猛攻法军左翼，截断萨沃纳的沿海道路以绝法军后路；博利厄则亲自率领左路军攻打沃尔特里，以掩护热那亚。博利厄的部署显然是错误的，他忽视了在山地战中绝对不能分散兵力这一古老的原则，将兵力分为三个互不联系的孤立军团，这对联军来说是一个巨大的灾难。

4 月 10 日，博利厄率领的左路军抵达沃尔特里，向驻扎在那里的法军发起猛攻。奥军这一行动使得奥军左翼远远地离开了中路部队。这时科利率领的撒丁军团仍在很远的西面，奥军中路部队陷入了左右无援的孤立境地。拿破仑果断决定利用这一有利战机，集中兵力，首先击败态势孤立的中路奥军。

这时，中路奥军在阿尔热托的指挥下占领了蒙特诺特。4 月 11 日，拿破仑亲自赶到尼吉诺山南面的桑托里奥，向马塞纳、拉哈普和奥热罗三位师长面授机宜。当天晚上，三个师长率领各路法军一齐悄悄地向蒙特诺特进发。12 日清晨，晨雾还没有被阳光驱散，近万名法军突然出现在奥军的背后和侧翼，奥军被这突如其来的打击吓懵了，他们来不及做认真的抵抗，便在法军枪炮轰击下溃散了。战斗仅仅进行了几个小时，奥军就损失了 3000 余人，其中 2000 人成为法军的俘虏。远在西面的撒丁军团得知阿尔热托被围，急欲助他一臂之力，无奈两军距离甚远，再加山路崎岖，增援不便，只好听任盟军被歼。拿破仑凭着敏锐的洞察力、迅速的决断和敏捷的行动，取得了出征后的第一个战役的胜利。

奥军在蒙特诺特失利以后，开始退守米里希摩和代戈，企图在那里固守阵地，等待博利厄元帅和科利将军的部队从两翼向中路靠拢，阻止法军向都灵方向和米兰方向发展进攻。

拿破仑洞察敌人的意图后立即决定：不给敌人以喘息时间，趁两翼敌人来不及向中路增援之际，兵分两路，以最快速度攻占米里希摩和代戈。他命令奥热罗率领一师进攻米里希摩，马塞纳和拉哈普各率一师攻占代戈，他自己随奥热罗师行进。

4 月 13 日拂晓，奥热罗率 9000 人向米里希摩发起进攻。战斗进行得十分顺利，没多久便将敌人逐出了米里希摩峡谷。接着，在科萨里亚高地附近，又包围了奥军普罗维拉旅近 2000 人。普罗维拉在绝望中多次率军突围，均被击退。最后，他被迫龟缩在科萨里亚的一座古堡里坚守不出，等待右翼的科利将军为他解围。14 日，拿破仑亲临战地，指挥法军同前来增援的科利部队交战。科利部队大败而逃。陷入绝境的普罗维拉的最后一点希望破灭了，这时古堡中的粮食和饮水也消耗殆尽。在法军炮火的猛烈轰击下，普罗维拉被迫出堡缴械投降。

代戈位于米里希摩东北。法军一旦攻占代戈，就意味着切断了奥、撒主力之间的最后联系。14 日下午 2 时，马塞纳师和拉哈普师共 20000 人，从敌人的正面和后方同时发起进攻。在法军强大的攻势下，奥军支持不住，被迫放弃阵地，狼狈溃逃。法军乘胜追击，一举攻占了代戈村。

法军占领代戈后，奥军与撒丁军队的联系被彻底切断了，拿破仑的作战锋芒转向切瓦的撒丁军队。切瓦位于塔纳罗河上游，是从南部山区通往皮埃蒙特平原的重要门户。

4 月 16 日，拿破仑下令对切瓦的撒军发起进攻，奥热罗正面攻击，塞律里埃和马塞纳左右迂回，以期包围撒军。科利将军觉察了法军的企图，为了避免被包围，于 17 日晚放弃了切瓦。撒军在夜色的掩护下，退往科萨利亚河岸，占领了坚固阵地。

法军占领切瓦后，立即尾随撒军西进，对扼守坚固阵地的撒军发起强攻。由于地形生疏，进攻准备过于仓促，再加上塔纳罗河泛滥，奥热罗和马塞纳都没有能按时出现在敌人的侧后，法军从正面进行的多次冲击均被敌人打退。一连几天，法军伤亡严重，在敌人阵地前丢下了大量尸体。这时，拿破仑接到情报说，驻守在阿奎及其以北的奥军正在向切瓦方向移动。拿破仑顿感大事不妙，急忙召开军事会议。会上一致认为：不管士兵如何疲劳，法军必须毫不迟疑地再次向撒军发起进攻。否则，法军将会面临两线作战的危险。

4 月 22 日，法军准备就绪，刚要对撒军发起进攻，突然出现了一个意外情况：只见撒军列好队伍，自动撤出了阵地，并匆匆地向芒多维退却了。原来，科利打算避开法军打击的锋芒，将撒军转移到芒多维东面一个更有利的阵地上。可他万万没想到，这一行动不仅让拿破仑轻而易举地占领了几天来使法军付出巨大代价的坚固阵地，而且使撒军在退却中遭到法军优势兵力的包围。在法军强有力的打击下，撒军无暇巩固阵地，只好撤出芒多维，向都灵方向仓皇撤退。

拿破仑令骑兵对溃退的撒丁军乘胜追击。奄奄一息的撒军再也无力抵御法军的进攻，撒丁国王被迫宣布退出战争，派代表同拿破仑进行单独媾和的谈判。

4 月 28 日，谈判正式开始。拿破仑以胜利者的身份与撒丁王国签署了条件苛刻的停战协议：撒丁必须退出反法联盟，并派全权代表去巴黎缔结和约；撒军必须交出科尼、切瓦和托尔托纳三个要塞；在托尔托纳移交法军之前，暂时交出亚历山大里亚；法军将控制目前所占领的一切地方；法军可以在皮埃蒙特境内自由通行，并有权在瓦伦察渡过波河；地方警察必须解除；正规军要分驻各地作为警备队，无论如何不得引起法军不安。这样，皮埃蒙特，这个通往意大利北部的大门，在不到一个月的短短时间里，就被拿破仑打开了。

拿破仑自信已经能主宰局势的发展，他的下一个目标就是向米兰进军。

向米兰进军

法撒和约的签订使法军的战略态势得到了大大的改善，濒于崩溃的法军后勤供应有了根本性的好转；开放的阿尔卑斯山的诸山口使法军和巴黎之间的交通线几乎缩短了一半；长期驻守在法国南部边界的阿尔卑斯山军团可以增援北意大利战场。另外，撒丁人交出的科尼、托尔托纳和亚历山大三个要塞为法军提供了一个良好的作战基地，成为他们进攻伦巴第平原的天然跳板。拿破仑决定充分利用协议给他提供的一切有利条件，将战争推向奥地利在北意大利的属地——伦巴第。

此时，北意大利战场的战略形势发生了根本性的变化，奥地利人没有了盟军的援助，在意大利陷入了孤立境地。虽然盟国已经投降，但是奥地利仍然决定保住对北意大利的控制，维护王朝的荣誉感和奥皇的自尊心，于是他们决定守住伦巴第平原，打退法军的进攻。

奥地利军队对打退法军的进攻充满了信心，因为他们有一支能够在伦巴第地区驰骋疆场的骑兵，他们必定是所向披靡、战无不胜的。但是，在拿破仑看来，平原作战不见得不如山地作战有利。拿破仑已经充分了解到奥军形势的固有缺陷。它像一个笨重的生物，把一条易被打断的肢体从天然屏障阿尔卑斯山的那一边横伸过来；这样，一支短小精悍的队伍就可以揍它一顿。

现在，拿破仑要做的事，就是设法把敌军加以利用的那些次要的地形特点，反过来用以对付敌军。奥军的司令官博利厄这时已渡过波河与提契诺河，他估计，法军会选择人们通常使用的那条路，即在帕维亚附近越过提契诺河，来对米兰地区发起进攻。因此，在帕维亚城附近，奥方用 26000 人占领了一个坚固的阵地，并且派出另外一些分遣队朝北沿提契诺河的上游两岸巡逻，同时也朝瓦兰察方向的波河两岸巡逻；只派去了 5000 人前往皮亚琴察。

拿破仑进攻米兰

拿破仑并没有走人们通常使用的那条路。他决定，暂时先不在波河以北行军，因波河以北有不少从阿尔卑斯山流来的融雪泛涨的溪流，而是在波河以南行军；那儿从亚平宁山流下的溪流较少，流量也较小。经由托尔托纳要塞，他可以直奔皮亚琴察，并在该地越过波河；这样，几乎用不着打一仗，就可以进入米兰地区。为了实现这个目标，他在不久前与撒丁签署的和约初步条款中，曾经规定了法军可在瓦兰察越过波河。

他朝瓦兰察方向搞了几次佯攻，迷惑奥军，同时他却使法军主力部队沿波河南岸大力推进，并且搜集了一切可以弄到手的船只。拉纳将军率领法军的先头部队，赶在奥军的骑兵出现以前就占领了皮亚琴察的渡口；并且于 5 月 7 日把力求赶他们下河的两营奥军的骑兵打垮了。

这样就为大批法军乘船或经渡口过波河一事，争取了时间。法军在他们的将领亲临现场的情况下，克服了一切障碍，很快就以船只搭起了一座横跨波河的浮桥，并且建立了一个桥头堡来保卫浮桥。接着，法军以与利普泰所率奥军数量不相上下的兵力，向北挺进；经过一番激战，就把奥军从福米奥村赶走。这一仗打胜了，犹如在利普泰与他的总司令博利厄之间，打进了一块坚实的楔子。后来，博利厄曾严厉斥责利普泰，说他一不该退却，二不该在退却以后不向总司令部报告情况。然而，实际情况是这样的：利普泰只率领了 5000 奥军；博利厄派他出来时为时已晚，无法在皮亚琴察阻止法军渡河；而且在第二天战斗结束时，利普泰同他的上级的一切联系已被法军所切断。所以，博利厄率领奥军主力，向福来奥进军，本想在该地找到利普泰部，却撞上了法军。经过一场混战，博利厄才得以脱身，并且朝洛迪方向撤退。这样一撤退，他就使米兰城失去掩护，并放弃了伦巴第的大部分地方了。

拿破仑在攻下皮亚琴察不过三天之后，就率领他那几乎全部集中的兵力，直捣洛迪。一路上，只有正在撤退的奥军殿后部队对他进行阻击，而这些殿后部队想要掩护一支落在后面的奥军退却的焦急心情，远远超过他们要保住阿达河桥的决心。

阿达河桥是一座狭长的桥，长约 25 米，飞架于水浅而流急的阿达河上。倘若由配备得当的部队和炮兵坚守这座桥梁，就有可能迫使法军在这里付出严重的代价。但是奥地利帝国的军队指挥不当：只是在洛迪城内和周围部署了一些部队，而这座城则是位于阿达河与迎面冲来的法军之间的。洛迪的城墙，并不坚固；勇猛的法军很快便用梯子攀登了上去。奥军指挥官塞博滕多夫这时匆忙地把他所指挥的部队部署在阿达河东岸沿岸，以期保住该桥，并且防止法军在洛迪城以北的阿达河上游乘船渡河或涉水而过。法军用搜索的炮火横扫奥军的阵地，挫败了奥军毁桥的企图。

洛迪一战使法兰西举国欢腾。远在巴黎的法国人更是以一种可以理解的夸张说法描述拿破仑。他们说拿破仑是如何冲在突击纵队的前头，并与拉纳将军一道最先冲到了阿达河桥对岸。后人还描绘说，拿破仑冲在身材高大的掷弹兵突击队的前面。人们认为，只有拿破仑才是打胜仗的英雄。拿破仑威望之高在士兵们的心中无与伦比，而他本人也认识到这次征服人心的重要性。

后来他在圣赫勒拿岛说：“只是在洛迪之战后，我才认识到我终归要在政治舞台上扮演一个决定性的角色。我的雄心壮志的第一颗火花就是那时产生的。”这时拿破仑产生了要在整个意大利激起民众热情的念头。这个念头使这位年轻的胜利者把下一步的真正行动目标——曼图亚要塞——暂时撇开，而向伦巴第的政治首府米兰进军。

米兰城的人民，怀着满腔的热情，欢呼来自法兰西的解放者。他们往那些晒黑了面孔的自由战士身上不停地撒着花朵，他们指着法军穿破了的军装和磨破了的鞋，说这些都证明了法军屡战屡胜的充沛精力。尤其重要的是，他们以一种景仰而又夹杂着敬畏的心情，凝视着这位青年司令官消瘦而苍白的容貌。在他们看来，拿破仑身上那朴素的衣着，说明他具有斯巴达式的干劲；他那灼热的目光和果断的举止，说明他是一个天生的领袖。

在一段短时间内，伦巴第人和他们的解放者相处得很好。拿破仑以殷勤的礼遇，接见了伦巴第的主要艺术家和文学家；他还计划使帕维亚大学的活动活跃起来；接着，在整个伦巴第，政治俱乐部和报纸的数量倍增；演员们、作家们、报刊编辑们都彬彬有礼地、甚或奉承地齐声赞颂这位当代的西皮奥、当代的凯撒、汉尼拔和当代的朱庇特神。

拿破仑进了米兰城以后，他废除了奥地利原来搞的那一套政府机构，只留下国务会议；他还批准组成临时市政委员会和一支国民自卫军。这几项措施，也加深了米兰人的上述希望。与此同时，拿破仑还小心翼翼地向巴黎的督政们写了信，问他们是否有意把伦巴第改组成为一个共和国，因为在伦巴第建立共和国这种政体，较之皮埃蒙特条件更为成熟得多。当时，拿破仑也只能做到这个地步为

美丽的米兰城

止；不过后来他又做了不少事来履行他初时对北部意大利人民作出的那些诺言。

不久之后，这个美好的展望给笼罩上了阴霾。因为巴黎方面强烈要求这位青年司令官采取一些财政措施，而这些措施对伦巴第人来说是损失重大的，对解放者本身来说也是不光彩的。于是他在写给督政们的一份报告中说，由于5年的战争，伦巴第已经民穷财尽了。至于军队需要这笔款项的说法，也可以对比一下公告发布3天后他私下写给督政府的报告。他说，督政府眼下可以指望有600万至800万法郎的伦巴第特别税供他们随时使用，而“这笔款子大大超过了军队所需的款项”。这是拿破仑第一次明确地建议推行一种对被征服的地方敲骨吸髓以充实法国国库的做法；这种做法却使得他的权力很快就凌驾于督政府之上。

但是，在米兰到帕维亚一带的农民当中，情况就大不一样了。他们过去已遭到奥军敲骨吸髓的劫掠，如今，他们拒绝再受法军的敲诈勒索，因此他们举兵造反了。在帕维亚，人们关上城门，公然反抗法军一支部队的进攻，一直抵抗到法军的大炮轰垮城门为止。于是，法军冲进城去，在连续几小时内把该城全部有武装的男人都屠杀了，并且放肆地在该城奸淫掳掠。

拿破仑镇压起义者

根据拿破仑的命

令，法军还宣布对帕维亚市政委员会的成员们判处死刑；这项凶狠的命令在执行上出现了延误，最后才把判刑减轻了。不过，200个人质被押往法国，作为这个不幸的城市今后行为规矩的保证。拿破仑随即对督政府说，这样处理反叛者，对意大利各地人民来说，会是一种有益的教训。

现在，这支从前时常为饥饿而困扰的穷困潦倒的军队已经焕然一新，他们已从这位年轻的统帅那里获得了前所未有的信心、荣誉和财富。他们对自己在他所统帅的军队中服役而感到由衷地自豪，他们将他看成胜利、荣誉和财富的化身。

曼图亚的浴血奋战

曼图亚位于波河和名乔河交汇处，被两个大湖和烟瘴沼泽包围并保护着，地形险恶，工事坚固，可屯数万之众，有“意大利钥匙”之称。曼图亚是奥军在意大利唯一的重要地势，奥军势在必守，阻挡法军的进攻，而法军也是志在必得，以控制北意大利，并打通前往德奥之间的道路。

1796年5月30日，在名乔河失利的博利厄率领剩下的15000人的奥军退回到了曼图亚，等待着奥地利援军的到来。但是在援军到来之前，拿破仑已经屯兵城下，包围了曼图亚。

奥皇为了使意大利不落在法国人的手里，任命了在几次莱茵地区战役中有点名气的维尔姆泽为将军，并接替屡战屡败的博利厄。奥皇又从他的北方部队中抽调出25000人，来加强阿迪杰河的兵力；他命令维尔姆泽，要把奥地利双头鹰旗胜利地插在意大利的平原上。虽然这时援救米兰城堡已为时太晚，但他得尽一切力量去解曼图亚之围。

维尔姆泽派副手科斯达诺维奇率领17600人欲去占领加尔达湖的西岸，夺取布里西亚的法军军火库，并切断法军通往米兰和法国的交通线。与此同时，维尔姆泽亲自指挥的24300人的主力则分为两路沿着阿迪杰河两岸进军。要把法军从利沃里赶出去，并向曼图亚挺进。另外，还有另一个师由达维多维奇率领，从东面弗留利区开来，这支部队奉命进军维琴察和莱尼亚戈，以便从那一方面牵制法军；而且如果其他两路兵马的进攻未能得手，还可相机解曼图亚之围。

维尔姆泽的策略看上去很合理，但是他也与博利厄犯了同样的错误。将兵力分散，使得三个纵队无法取得联系，导致了在危急时刻彼此之间没有办法援救。更致命的是，在科斯达诺维奇的纵队与其他两路纵队中间横亘着宽阔的加尔达湖面。

当拿破仑充分了解到维尔姆泽部署的缺陷时，他便立刻向他的将领们发出了十道急令，叫他们向加尔达湖的南端集结——他们当然还要且战且走，阻延敌人的追击。这一十分英明的决策挽救了他在各地分散的部队。奥军的计划正是在加尔达湖南端集中两支主力纵队，来粉碎法军的各个分遣部队。但是拿破仑把马塞纳和奥热罗两个师撤回了名乔河，并很快聚集了一支庞大的劲旅，迅速占领了处于奥军东西两军之间的中央阵地。诚然，拿破仑放弃了阿迪杰河的重要防线，但他在名乔河一线迅速集结兵力。这样，他就占领了一个北面以佩斯基耶腊的小堡和加尔达湖水域为屏障的基地。只要守住名乔河上的几座桥梁，不论敌军在哪里进攻，他都可以予以打击。尤其重要的是，他还掩护了对曼图亚的围困。

7 月 30 日，拿破仑得知，布里西亚失守，通往米兰的交通线已被切断。于是他立即命令围攻曼图亚的塞律里埃进行最后一次猛攻以攻下那个要塞。

但如仍不能拿下该要塞，也要确保向西的退路。当天稍晚，他又命令塞律里埃立即把攻城炮队调走，并把一切可能落到前进中的奥军手里的东西扔进湖里或掩埋起来。

这一招，表面上看来似乎出于万般无奈，像是预示着不仅要放弃对曼图亚的围困，而且要放弃整个伦巴第，但实际上却是一个绝招。拿破仑已认识到这样一条真理：和野战中取得决定性胜利相比，占领堡垒是次要的，因此围困堡垒也是次要的。在他遭到向加尔达湖南端挺进的优势兵力威胁时，他看到他必须放弃他的围城工事，甚至放弃他的攻城大炮，以便趁各路奥军当时尚未会合之际，赢得宝贵而短暂的几天时间以确保战略上的优势。

这时，维尔姆泽意识到他所犯的错误了。他当时本应驰援在布里西亚处于困境的部将科斯达诺维奇，但是他却轻信了所谓法军仍在围困曼图亚的不确切的情报，挥戈南下曼图亚。他进入曼图亚，暂时享受了一阵胜利的喜悦；他向弗兰西斯皇帝报捷，说已在阵地上缴获法国大炮 40 门，在波河两岸又缴获了 139 门。但正当他沉迷在法军从意大利全面撤退的幻想中的时候，他收到了由科斯达诺维奇率领的奥军已在布里西亚和萨洛受挫的消息。

他知道是上了当，并决心在一败涂地之前扭转危局；于是他立即命令将他的先头部队向斯蒂维耶雷镇快速推进，并轻而易举地从瓦莱将军指挥下的一支法军手里夺过了那个村庄及其堡垒。

轻易地丢失了这样重要的一个阵地使拿破仑大发雷霆，法军似乎就要被围困在斯蒂维耶雷、布里西亚和萨洛之间的崎岖地带。

这时，向奥发动一次突然袭击显然是唯一安全而且光荣的办法。可是谁也不能确切知道奥军的数目和阵地情况。情况不明总是使得想象力丰富的拿破仑十分苦恼。

他在芒泰基呵罗附近集合了一批将领，其中一些人建议大家登上一个俯瞰平原的山头眺望。可是，到了山脊上，他们还是望不见奥军的踪影。于是拿破仑又忽然大发脾气，甚至说要撤退到阿达河去。这时奥热罗反对撤退，并保证说，如果发动一次勇猛的冲锋必能取胜。

拿破仑回答说：“我不管这个事了。我要离开这里。”奥热罗便问：“你走了，谁指挥呀?”“你。”拿破仑一边说一边离开身边那些吃惊的将领们。

不管事实是否如此，对斯蒂维那雷镇发动的第一次进攻，确是交由奥热罗这位果敢的军人来执行的。第二天他显示出有勇有谋，不仅把斯蒂维耶雷镇，而且把该镇那座位于悬崖之上的堡垒也夺回到法军手中了。奥热罗不屈不挠的勇气对于恢复法军的士气和使法国重新获胜所起的作用，得到了拿破仑的嘉许、承认。当奥热罗夺回这个重要阵地时，混战就在它北边不过几英里远的罗纳托进行着。初时，马塞纳被进攻的奥军赶回来；但当奥军正在力图包围法军时，拿破仑到达了，并与马塞纳协力，发动了一次中路攻击，而这种攻击是往往可以从敌军手中夺取胜利的。奥军溃退下去了，在法军的穷追下，有些向加瓦多，有些向加尔达湖逃窜。在向加瓦多方向的追击中，拿破仑的老友朱诺勇往直前，立了大功。他伤了一名上校，杀了六名骑兵。他自己也周身负伤，最后被打翻在沟里。幸亏每个伤口和总的伤势都不是致命的，也没有使他长期不能行动。

这是一次惊心动魄的血战，在整个战斗中，双方的军队交织穿插，战场的混乱程度无可复加。有这样一个离奇的插曲就足以说明战争的风险和此次战役在这一阶段中的混乱状况。

被击败的奥军有一支为数大约4000人的部队不能和加瓦多及佩斯基耶腊两地的友军汇合，但也没有遭到追兵的打击，便在山里窜来窜去。次日，他们在罗纳托附近突然与一支人数少得多的法军遭遇。尽管奥军没有完全意识到他们遇到好运气的处境，但还是大胆地派了一个使者去叫法国指挥官投降。当这个使者的蒙眼布被取下时，发现他面前正是拿破仑，左右全是他的参谋部的将领们。这位青年司令好像是真的受到侮辱而目射怒火，他用装得很像的激动的声调威胁奥军的使者，说他竟敢在法国大军的指挥部里向军中主帅下招降书，实在是该治以应得之罪，他和他的军队必须立即投降。拿破仑的这项要求，把这支4000人的部队吓懵了，他们只看到这位得胜的大将，而没有看清他的那支人数很少的队伍，于是4000人的奥军便向1200人的法军投降了，更确切地说，是向一位大人物的机智和胆略投降了。法军由于这一个预示了更大胜利的好兆头而兴高采烈，准备给予奥军以决定性的打击。

虽然维尔姆泽在8月3日受挫，但他已从曼图亚得到许多援兵，因此他仍然希望能把法军赶出斯蒂维耶雷，并且杀开一条血路去营救科斯达诺维奇。的确，他这样做是义不容辞的。因为在奥国的屡次军事会议中已作出决定，命令维尔姆泽和科斯达诺维奇必须会师，并于8月7日与法军作战。维尔姆泽的战线从梅多莱村附近向东北延伸，横越市里西亚与曼图亚之间的大路。他的右翼则驻扎在索尔费里诺周围的丘陵地带。事实上，他的右翼就宿营在索尔费里诺那个顶端建有堡垒的高地上。

由于从莱尼亚戈开来的梅扎罗军团没有到达，维尔姆泽在这条漫长的战线上仅仅集结了不到25000人的兵力；而塞律里埃师的一部分部队在费奥雷拉率领下从南面及时赶到，则使法军在人数上也占了优势。不仅如此，费奥雷拉从南面进攻维尔姆泽在梅多莱附近较弱的一翼，使它有被迂回包抄的危险，并危及奥军通往曼图亚的交通线。

奥军似乎一直并未意识到有此危险；在这一带，正如在其他地方一样，他们的侦查工作做得很糟。这是导致当时战争的结局的重要原因。

维尔姆泽想要支援在罗纳托村附近的科斯达诺维奇部队，对他自己右翼兵力又过于自信，使他采取了致命的冒失行动。他向北面受到压力的友军派出了侦察部队，结果就危险地拉长了自己的战线。而拿破仑则不让他的左翼前进，巧妙地引诱维尔姆泽陷入这个错误。与此同时，法军在奥军战线的另一端压将下来。马尔蒙率领他的骑兵炮队急驰前进，从侧面攻击敌军左翼，把许多门奥军大炮打哑了。在炮火攻击的掩护下，费奥雷拉师偷偷行动到可进行袭击的近距离内。而法国骑兵突然包抄袭击了奥军这个受到紧紧进逼的一翼的后方，几乎生擒维尔姆泽和他的参谋人员。

为了击退这一出色的侧翼攻击，奥军那时急需使用后备队发起勇猛反攻，否则就应使全线立即掉转头来。但是，奥军的后备队早已投入了他们战线的北段了。而奥军掉转战线的企图（这种军事行动毕竟是很困难的），又由于马塞纳和奥热罗的两个师发动强攻，直插奥军中央而遭到粉碎。在一系列攻击之下，奥军全线溃退。

旷日持久的意大利战役到此总算是画上了一个记号。拿破仑用他无与伦比的军事才能、坚忍不拔的战斗意志和无所畏惧的战争激情，带领一支衣衫褴褛的军队跋山涉水，穿过丛林，战胜了装备精良的奥地利正规军。在他的身后，是无数惨遭杀戮的平民和士兵的尸体，踩过他们，拿破仑成就了自己的辉煌。

荣归巴黎

从 1796 年 3 月 11 日出征意大利起，拿破仑已经离开巴黎两年了，如今他衣锦荣归。

1797 年 12 月 7 日，拿破仑带着胜利的无限光荣回到了巴黎。拿破仑打败了法国最强大的对手——奥地利，占领了广大的领土，并且建立了新的共和国，用价值连城的文物充实了巴黎博物馆。拿破仑成为了法国人心中最崇拜的战争英雄，巴黎城中几

拿破仑返回巴黎雕像

乎所有人都在颂扬着他的丰功伟绩。12 月 10 日，懦弱的督政府在卢森堡宫为这位载誉归来的征服者举行了豪华的欢迎仪式。数不清的群众聚集在宫殿前报之以暴风雨般的喊声和掌声。

28 岁的将军以十分安详的表情接受了如倾盆大雨袭来的荣誉。鲜花、掌声、赞美词如波涛一般的涌向拿破仑。对于这些赞美，拿破仑平静地说："在巴黎，人们不会老是惦记着往事，巴黎人从来都是健忘的。在这个花花世界的大都市里，今天巴黎人对我赞美有加，只要明天我什么都没有了，巴黎人就会将我弃置一旁，代之以新的更时髦的英雄。"在他的眼里，赞美就像是过眼的云烟一样，转瞬即逝。

巴黎并没有像拿破仑说的那样，巴黎人并没有忘记拿破仑，他们对拿破仑的热情还在持续，并没有马上消失。为了纪念拿破仑伟大的功绩，巴黎市政府将拿破仑住处所在地尚特雷纳街改名为凯旋街。各种各样的人物纷纷跑来拜访拿破仑，想一睹拿破仑的尊荣。

由于前督政官卡尔诺的出逃，科学院把空出来的名额授给了拿破仑。

拿破仑一向崇拜科学文明，做个真正的科学院院士是他朝思暮想、梦寐以求的愿望。有人曾问他，在和平得到保障之后将如何安排自己的闲暇时间，拿破仑答道："我将安心退休，并为有朝一日成为一个名副其实的科学院院士而尽力工作。"他对科学，特别是天文学，产生了无可比拟的兴趣。他把从事天文学视同最甜蜜的爱情享乐。28 岁的拿破仑给"幸福"下的定义是："在漂亮的女人和美丽的蓝天伴随下度过夜晚，在计算和观测中度过白天。"

拿破仑把科学院院士这个头衔视为极大的荣誉。在以后的远征埃及期间，他所发布的命令和文告都签上了"科学院院士、东方远征军总司令"的字样。

第四篇　梦断东方

统帅的高明之处在于他智力上的素质：洞察力、远见、计算、果断、口才、对人性的了解。不过这些也都是使人们在文职中辉煌的素质。要是只要凭臂力和勇敢就能当统帅，任何英勇的士兵都可以统帅三军了。如今，武力屈从于道义，佩刀的人拜倒在有才能、有学识的人脚下。

——拿破仑

时刻准备远征埃及

已经习惯了在战场上厮杀的拿破仑在巴黎过了一段时间之后便厌倦了接二连三的宴会生活，他要摆脱这种生活，他要开始新的征程。拿破仑远征的视线渐渐地注视到了英伦三岛，他日夜计划着远征英国的事情。

为了避免纸上谈兵，拿破仑离开了巴黎，前往法国北部考察海港、兵站和兵营，他需要根据这些情况判断突袭英国的可行性。通过走访水手、领航员、走私贩子和渔民，最后他得出结论：从英吉利海峡去进攻英国，无异于拿美丽的法兰西的命运去冒险。于是拿破仑自动打消了远征英国的念头。但是，他仍然要选择一个能够供他展示军事天才表演的舞台，他将目光瞄向了埃及。

埃及一直是他魂牵梦绕的地方。在意大利作战的时候，他的脑海里就常常出现埃及，他认为欧洲太小了，他真正的伟大事业应该是在东方进行的。马其顿的亚历山大是拿破仑心目中的英雄，后来，当他在埃及的沙漠上巡游时，他半开玩笑地、半认真地对同行者表示遗憾：自己生得太晚了，无论如何不能像曾经征服过埃及的亚历山大那样，在那里宣布自己是上帝或上帝之子。

亚历山大大帝头部雕像

背景知识

亚历山大大帝

亚历山大大帝（前 356-前 323），古代马其顿国王，世界古代史上著名的军事家和政治家，欧洲历史上最伟大的军事天才，马其顿帝国最负盛名的缔造者。他足智多谋，雄才伟略，骁勇善战，在统治马其顿王国的短短13年中，以其雄才大略，东征西伐，领军驰骋欧亚非三大陆。先是确立了在全希腊的统治地位，后又消灭了波斯帝国。其后在横跨欧、亚、非的辽阔土地上，建立起一个西起希腊、马其顿，东到印度河流域上游，南临尼罗河第一瀑布，北至中亚的药杀水（今锡尔河）的以巴比伦为首都的庞大帝国。创下了前无古人的辉煌业绩，促进了东西方文化的交流和经济的发展，使古希腊的文明发扬远播，对人类社会的发展产生了重大的影响。

埃及位于非洲大陆的北端，东连小亚细亚、印度，陆地极为广大。因此占领埃及不仅可以骚扰英国对印度的贸易通道和整个大英帝国，而且还可变埃及为法国殖民地，从而补偿法国在西印度所丧失的殖民地，为进一步征服英国财富的主要源泉印度建立有效基地。

当时的埃及是法国的老盟友土耳其苏丹的领地，因此督政府认为进攻埃及实在是不义之举，但是督政府希望靠战争吸引住拿破仑那旺盛的精力和智慧，避免他在巴黎同自己作对，便同意了拿破仑的建议。

拿破仑远征埃及

1798年3月5日，督政府任命拿破仑为埃及远征军司令，远征埃及。

拿破仑精心地重建了东方军团，贝尔

蒂埃依旧是他的参谋长，他的弟弟路易、继子欧仁、上校马尔蒙、谬拉和朱诺及中校迪罗志、上尉拉瓦莱特组成了他的参谋班子。

对于选拔士兵，拿破仑也是亲力亲为。拿破仑几乎是一个个地选拔远征埃及的士兵。为了使他的军队能在烈火般的阳光下作战，能走过炎热的、一望无边的荒芜的干旱沙漠，他必须挑选能吃苦耐劳、身体健壮的士兵。

出于对科学和文史的广泛兴趣，这次远征还带走了许多科学研究和工程技术人员。此外，还带有丰富的图书。古希腊诗人荷马和古罗马诗人维吉尔的诗集、卢梭的《新爱洛绮丝》、歌德的《少年维特之烦恼》、《圣经》《古兰经》《吠陀经》、阿里昂的《亚历山大大帝》、雷纳尔的《欧洲人在东西印度开辟商业的政治和哲学史》以及伏尔泰、孟德斯鸠的著作统统都被收集在内。

对于这支学者队伍，拿破仑极其爱护，他曾在远征期间下达过这样的命令，“让驴子和学者走在队伍中间”。这句话后来成了拿破仑爱护学者的一句名言。

在法国地中海的海港进行部队的集结和频繁的调动时，拿破仑明白，他必须尽快出发，因为在这样一个平静的海港出现如此大规模的活动，是很难逃过警觉的英国人和奸细的眼睛的。但是此时各地赶过来的东方军要越过重重障碍，还难以在近期内到达这个港口。同时，拿破仑还面临政府拖欠海军几个月的军饷等一堆难题。不发军饷使得一部分海军拒绝打仗，另外水手和士兵都没有足够的食物，军官只能打开封存在运输船上准备在埃及使用的给养。拿破仑和他的同伴们克服了准备工作中的种种困难和障碍，海军舰队终于在 1798 年的 5 月 19 日在土伦扬帆出港，开始了他们征服埃及的航程。当最后一名士兵上船以后，太阳升起来了，太阳是那样的光彩夺目，以至后来被士兵们高兴地称之为“拿破仑的太阳”。灿烂的阳光照耀在排成半圆形的船舰上空，甚是壮观雄伟。官兵中的绝大部分是已经跟随拿破仑很久的，他们认为只要有他在，胜利就有保证。官兵们的心中对未来充满必胜信心和美好希望。

进军开罗

拿破仑远征埃及的最终目的是极为保密的，连拿破仑手下的高级官员也只有少数人知道。督政府对于这次军事行动的目的更是讳莫如深，他们一直对外宣称这支远征部队是法国英吉利方面军的左翼，他们要经过直布罗陀海峡，绕过西班牙攻打英国。英国错误地认为法军要在爱尔兰登陆。因此，当英国的舰队一直在直布罗陀海峡严阵以待时，拿破仑已经率领着舰队奔向马耳他了。

马耳他岛位于地中海中部，是大西洋通往地中海东部和印度洋的交通要道，也是地中海最好的港口。1798 年 6 月 10 日，法国舰队抵达该岛，拿破仑以“舰队有权进入中立海港获取淡水”的理由要求上岛，但是这个请求遭到了马耳他守军的拒绝。拿破仑立刻以正当理由遭到拒绝为由发起进攻。据守该岛的耶路撒冷圣约翰骑士团只作了些象征性的抵抗便投降了。拿破仑宣布此岛为法兰西共和国领土，并废除了圣约翰骑士团，没收了他们的土地，建立了新政府。6月19日，法国舰队离开该岛，同时留下4000名法军据守马耳他，以确保地中海法军的航运能够畅通无阻。

6月30日，法国舰队顺利到达亚历山大港附近的埃及海岸。拿破仑派出一艘巡洋舰前往亚历山大港侦察。不久，这艘巡洋舰就从亚历山大港返回，并带来了法国领事马嘉隆。从这位领事口中得知：在法军到达亚历山大港前48小时，纳尔逊率领英国舰队就已到过这里，并到处打听拿破仑的动向。得知这一消息之后，拿破仑极为不安。

拿破仑害怕纳尔逊会随时回来，决定立即登陆。此时海面波涛汹涌，狂风大作，天气极其恶劣。海军司令为了安全起见，主张再等几个小时登陆，他断言几天之内纳尔逊是不会回转的。但是遭到拿破仑的严辞拒绝，他说："时间紧迫，命运只给我3天时间，如果我不充分利用，我们就失败了。"海军司令不得不发出全体登陆的信号。

7月2日凌晨1时，法军踏上了埃及土地。3时许，拿破仑亲自率领3个师向亚历山大港出发。几个小时后，亚历山大港便落入拿破仑手中。

6天之后，拿破仑命克莱贝尔为当地和全省司令官，率约9000卫戍部队留守亚历山大，自己则率其余军队向开罗进发。

这是一年中最炎热的季节。全军要在几乎是无水的沙漠里作长达60公里的行军，浩瀚的沙漠烤灼在直射的骄阳下，水成了最珍贵的东西。离家躲避战乱的居民，临走时往井里下了毒或将泉水掩盖起来。法军没有准备热带服装，甚至连水壶也没带，部队渴得要命，可除了令人恶心的咸水塘外，找不到任何解渴的东西。黄沙的灼光减弱了大多数人的视力，许多人因此而失明，路途中不见人踪兽迹和草木，只有阿拉伯骑兵神出鬼没，不时地袭击掉队的法军。军官们第一次真正认识到这场战争的艰苦性，士兵们怨声载道，无法忍受这恶劣的环境，就连缪拉和拉纳这样英勇无畏、久经考验的将领也忍不住发起牢骚，他们愤怒地把帽徽踩入沙中。唯有拿破仑一人超然于这一切灾难之上，他是下了决心要把这场战争进行到底。

尽管整个部队疲惫不堪，但部队每到一个城镇都不得有一分钟的休息，拿破仑的目标是继续行军，立即挺进开罗。法军入侵的消息传到开罗，开罗张灯结彩，贝伊们和他们的将军们发出一阵阵欢呼声，他们把法军视为“待切的西瓜”，并保证每个马穆鲁克将带回成百颗人心。于是，穆拉德贝伊率领 2000 名马穆鲁克、2000 名土耳其步兵和 60 艘船的小舰队从开罗出发。

7 月 13 日夜间，拿破仑率军沿尼罗河左岸向南进发，同时由卑雷指挥的一支法国舰队也沿河上驶。拂晓时分，法军抵达肖布腊克希，在这里遇上了穆拉德贝伊率领的马穆鲁克骑兵团。拿破仑立即将他的每个师都组成方阵。方阵里刺刀林立，寒光逼人。方阵的四角都设有火炮。为了能与河上的舰队保持接触，其中一个师的方阵紧靠尼罗河。

面对法军方阵厚密的刺刀，马穆鲁克骑兵毫无惧色，他们喊叫着，发起了勇猛的冲击，但很快就遭到法军枪弹和葡萄炮弹的还击，不得不败下阵来。马穆鲁克骑兵再次冲锋，但毫无战果，法军的方阵犹如铜墙铁壁一般，纹丝不动。在法军强大火力的逼迫下，马穆鲁克骑兵不得不向开罗撤退。

与此同时，尼罗河上的法国舰队因遭到马穆鲁克舰队的拦截而处境危险。法国舰队的一艘军舰被炸沉，埃及士兵登上了两艘法军帆船，法国士兵经过激烈的拼杀才将其击退。正当法国的败局已定时，法国的一枚炮弹正巧击中了马穆鲁克舰上的弹药库，整个军舰顿时灰飞烟灭，敌军大乱，法国的舰队终于转危为安。

战斗结束后，拿破仑立即发动追击。尽管天气酷热，法军还是兼程挺进。7 月 20 日黄昏，他们到达了尼罗河的分叉点，这里距开罗仅 15 公里，排列整齐、雄伟壮观的金字塔就在眼前。正当大家面对金字塔赞叹不已时，拿破仑登上了一个山坡，他发现马穆鲁克兵早已在尼罗河两岸严阵以待，左岸上是穆拉德贝伊军，右岸上是易卜拉欣贝伊军。

7 月 21 日凌晨 2 时，金字塔群附近的开阔地带旌旗蔽日，杀气腾腾，穆拉德军与法军都摆开阵势，准备决一雌雄。一场著名的金字塔大战开始了。

金字塔大战

马穆鲁克一方的中央是精锐的骑兵军团，由 12000 名骑士组成。骑士们个个身穿白袍，头插羽毛，手中的刀剑、长矛闪闪发光。骑兵军团的右翼是 2 万名土耳其人和阿拉伯人组成的步兵军团。他们的阵地上构筑着一道道土垒，土垒后面设置着40门旧式大炮。骑兵军团的左翼，是几千名阿拉伯游牧部落士兵，他们有的徒步，有的骑马，有的骑骆驼，服饰和武器杂乱无章。

拿破仑仔细观察敌阵和周围地形，很快发现了马穆鲁克军的几个弱点：骑兵军团的队列十分松散，步兵军团更是混乱不堪；土垒非常简易，不足以阻挡步兵的攻击；铁炮安置在无法移动的海军式炮架上。拿破仑观察完毕，便对各师团下达具体作战方案，5个师摆成5个作战方阵，面向敌军一字排开。拿破仑24000人的军队形成了一道不可逾越的刺刀城墙。

上午 11 点左右，一阵阵战鼓声和军号声响了起来。法军狄舍师团首先向前缓缓移动。几分钟后，其他几个师团也迈步前进。

看到法军方阵逐渐逼近，穆拉德贝伊的脸上露出轻蔑的冷笑。他拔出战刀，在空中划了一个弧形，大声叫道："勇士们，真主保佑我们消灭这些可恶的异教徒。冲啊!"刹那间，沙土飞扬，马蹄声大作，马穆鲁克兵发出狂野的呼喊，以排山倒海之势扑向法军方阵。

这时，法军立即停止了前进。法军指挥官命令各方阵第一排士兵卧倒在地，第二排士兵蹲下，第三排士兵直立着。这三排士兵举枪瞄准，后面的士兵则迅速地向前传递装满弹药的步枪。在各方阵前排出现的几个豁口上，乌黑的炮口伸了出来，这是法军的小型机动野战炮。当马穆鲁克骑兵冲到离法军仅500米时，法军指挥官高举战刀的手猛地往下一劈，法军各方阵同时喷射出密集的子弹。

战场上顿时人喊马嘶，枪炮齐鸣。法军的滑膛枪弹和榴霰弹将马穆鲁克骑兵成片地扫倒。不过几分钟，马穆鲁克的骑兵已被大量杀伤。少数骑兵冲得较快，奋不顾身地突入法军方阵，砍倒了几个法军士兵，但随后也都在刺刀丛中丧了命。还有几股骑兵冲进了两个方阵间的夹道里，结果被猛烈的交叉炮火杀死。马穆鲁克兵伤亡越来越严重，而法军方阵却岿然不动。无情的刺刀和轰鸣的炮火迫使马穆鲁克残存的几千骑兵不得不后撤。拿破仑乘势挥军前进，中央的狄舍师团迅速截断了部分敌骑兵的退路，并将他们消灭。左翼的法军很快突入敌步兵军团阵地，毫无困难地越过土垒，夺取了那几十门笨重的大炮。右翼的法军也击溃了部落兵，缴获了数百头骆驼。战败的敌人走投无路，成群地跳入尼罗河中，溺死者无数。来不及跳河的，均遭法军杀戮，顿时尼罗河水被鲜血染得通红。穆拉德贝伊率3000残兵仓皇逃走。右岸上的易卜拉欣贝伊见大势已去，也率军撤往叙利亚。

经过这两个小时的苦战，马穆鲁克兵吓得魂飞魄散，他们称拿破仑为“炮火之王”“上帝之鞭”，从此，拿破仑的威名传遍东方。法军士兵也在这一仗中使远征埃及所经历的千辛万苦得到了补偿。他们从杀死的和溺死的马穆鲁克兵身上搜到了许多值钱的东西，更有一些士兵往往因一具尸体而大发横财。

极度疲乏的法军在开罗得到了大量食物，终于可以好好休息一下了。可拿破仑并没有闲下来，他以充沛的精力立即投入埃及的组织管理工作。他发出多道命令，号召法军严格遵守军纪，尊重伊斯兰教的信仰和当地的风俗习惯，不得骚扰清真寺和当地妇女。拿破仑亲自参加清真寺的礼拜活动，他甚至向阿訇们表示，自己也信仰伊斯兰教，并请他们给自己讲解《古兰经》。经过多方考察，拿破仑决定在埃及各省成立行政、警务、征税等机构。

正当拿破仑致力于重建埃及的政治制度时，突然传来了法国舰队在海上覆灭的消息，拿破仑震惊了。

原来，纳尔逊发现拿破仑的目标是埃及以后，立即调转船头尾随法国舰队而来。8 月 1 日，纳尔逊舰队的瞭望塔终于发现了停泊在阿布基尔湾的布律埃斯舰队。当时，法国舰队在这开阔浩瀚的阿布基尔水域没有充分的防卫设施。当天下午，纳尔逊舰队的 14 艘战舰载着 1000 多门火炮，顺风驶至阿布基尔。法国舰队指挥官立即发出紧急集合信号，可这时几乎有一半人员还在岸上搜集饮水和给养。纳尔逊判断在法国舰队的停泊线和浅滩之间，必有足够的地方可容英国舰只插进去，于是，他把舰队一分为二，5 艘军舰插入法国舰队和浅滩之间，其余舰只则在朝海的一面，沿着法国军舰停泊线活动，从两方夹攻法舰。法国舰队左右两边受到英舰近距离的炮火轰击，只有招架之功，无还手之力。法国海军的骄傲“东方”号爆炸，全舰将士阵亡，法国舰队几乎全军覆灭。

素以精力旺盛、镇定自若而著称的拿破仑得知这一悲惨消息后，也经不住这突如其来的打击，他脸色发白，悲痛万分。他一眼就估量出这幕惨剧所带来的致命后果：通向法国的一切交通都被切断，返回法国的全部希望也随之断绝，除非向一个不共戴天的敌人投降。

舰队的丧失迫使拿破仑必须迅速而有效地把埃及组织起来，必须在埃及站稳脚跟，因为法军还要在此地待相当长的时间。拿破仑那灵活的、爱思索的脑袋似乎永不停息，他毫不迟疑地发出一道道命令和指示，为的是防止与失败俱来的迫在眉睫的危险。

8月21日，拿破仑以法国科学院为模式建立了埃及科学院，蒙日任院长，拿破仑任副院长。科学院的任务就是促进埃及的进步和传播文化。考古学者、地质学者和历史学家从尼罗河到阿斯旺瀑布，考察古代王国的遗迹。科学家、工程师们则研究防治传染病和设计灌溉工程。在总工程师、建筑学家勒佩尔的领导下，他们正在进行苏伊士地峡的水准测量和连结地中海、红海的运河开凿工程。他们扩大谷物的耕种面积，建造大型烘炉和面包房，以解决粮食供应的困难；他们建造啤酒厂酿造土啤酒，以满足部队需要；他们建立铸造厂和制硝厂，以供应机器、工具和火药。所有这一切就是为了使法军不需要依靠欧洲后方而生存下去。

刺向东方的最后一剑

为了确立法国人在埃及的绝对统治地位，拿破仑对一切胆敢与法国人作对的人绝不手软。驻守在亚历山大港的克莱贝尔将军以叛国罪逮捕了这个城市的百万富翁西弟·穆罕默德·艾里·科拉伊姆。此人被押送到开罗后，法军告诉他，如果想救救自己的脑袋，就交出30万金法郎。可此人却认为生死在于天命，他说：“如果我注定现在死，那就什么也救不了我，即使交出钱也没用。假如我注定要死，那我为什么还要交出这些东西?”拿破仑命人砍下他的脑袋，并将其脑袋拿到开罗街上示众。艾里·科拉伊姆的死引起了一些富裕的阿拉伯人的恐慌，他们如数拿出了法军所要的一切。

由于法军的勒索，1798 年 10 月末开罗爆发了一次大规模的起义。起义军的势力一度很强大，将前去镇压起义的 15 名法军全都剁成了肉泥。拿破仑怒不可遏，派出大军前去镇压，起义失败，起义者均被绞死。

法国人通过一系列东方式的暴力镇压，把开罗和附近城乡居民的勇气压下去了。法军在开罗及沿尼罗河下游的所有战略地点，都修筑了堡垒，埃及看来好像是被征服了。

拿破仑给在罗塞塔的梅努的信中说：“在开罗这边，我平均每天要砍五六个人头。”年底，当他结束了对苏伊士的考察回到开罗时，他获悉叙利亚的土耳其总督杰查正在集结一支土耳其军队准备入侵埃及。

拿破仑决定先发制人。他计划进军阿克，击败杰查，然后率领新招募的 5 万大军（包括法国人，阿拉伯人和努比亚人）逼苏丹言和，进而协助他进军印度。11 月 9 日，他给杰查下了最后通牒：“如果你继续在埃及边界为易卜拉欣提供避难所，我将视之为战争行为并将向阿克挺进。”

由于未获答复，拿破仑便按计划行事。为了入侵巴勒斯坦，他集结了一支由 4 个师组成的远征队，分别由克莱贝尔、邦、拉纳和雷尼埃指挥；杜高留下镇守开罗，梅努驻防罗赛塔。德塞师仍留在上埃及征讨穆拉德。

拿破仑于 2 月 10 日从开罗出发，其前卫雷尼埃师比他早走了两周，但2月8日，在阿里什，却受阻于土耳其的边防要塞。与当初相比，法军现在较为适应这里的水土了，而且为了适应沙漠作战还改善了部队的装备，大多数人都有了水壶，还发放了热带棉布制服。

在这次出征之前，拿破仑是经过精心策划的。在他看来，土耳其已经对法宣战，并派出一支军队取道叙利亚去收复埃及；另一支远征军则在罗德岛集结。拿破仑同所有的名将一样，从不甘居于守势。他的信念和他的好斗的本性都促使他主动打击敌人，而不肯等着挨打。

于是他调动12000人来进行一次冒险。如不是拿破仑，任何人想这样干的话，那就会被斥为堂·吉诃德式的空想了。但这事发生在拿破仑身上，我们就必须探讨其实际意图何在。因为他从来不让想象脱离实际，在他风华正茂之时，他的想象也总是为政治和战略服务的，而不是颠倒地来。

2月17日，拿破仑到达阿里什，他发现雷尼埃师和克莱贝尔师久攻不克，至今依旧在土耳其要塞面前止步不前，不禁非常恼火。由于过分乐观，他在达米埃塔把所有的攻城炮都装船海航，预定在阿克卸载供他使用。然而在预定的航线上却为英国海军所截获。于是，他便集中所有的野战炮对敌人要塞猛轰。2月20日，900名土耳其和马穆鲁克守军投降，法军继续前进。

24日，法军未遇抵抗便进入加沙；3月3日，法军兵临雅法城下遭到守军的顽强抵抗。3月7日，法军工兵在城墙上炸开了一个缺口，该城遂被攻克并遭洗劫；法军在城内大肆奸淫掳掠。

占领该城后，拿破仑就为如何处置2500名（也许是3000

名）土耳其俘虏而大伤脑筋。显然不能加以信任而把他们编入法军队伍。再说，给养还不够法军自己吃呢。法国士兵已经开始抱怨了，不肯把任何东西分给土耳其人和阿尔巴尼亚人吃。此外，也不能把这些战俘都送到埃及，让他们到那里去散布不满情绪；实际上，一共只送走了其中的300名埃及人。最后在将官们和士兵们的要求下，在海边把其余的俘虏都枪决了。

现在法军要面对更加危险的敌人了。在阿里什堡的时候，克莱贝尔师里，就已经出现了几个鼠疫病号（该师是从罗塞塔和达米埃塔开来的）；败退中的马穆鲁克骑兵和土耳其部队的残骸也可能把那个致命的病疫传给追击他们的部队。攻占雅法之后，法军许多营都遭到瘟疫的侵袭。也许正是这个情况，促使拿破仑加速了向阿克进军。

自从十字军东征的时代以来，阿克港就一直是巴勒斯坦的军事要冲。但是如今港口几乎已完全被淤泥充塞，就连附近的停泊区也已荒废了。阿克的堡垒当时只是对东方人来说才是坚不可摧的。沃尔内在他的《废墟》一书里，关于阿克就有这样一段话：

“在亚洲这一带地方，人们对棱堡、防线、荫蔽道路、堡垒——总之，对一切与现代防御工事有关的东西，都是全然陌生的。一艘装有三十门炮的快速舰，就会很容易地把整个海岸轰为废墟。”

要不是英国人前来救援，阿克城无疑是会陷落的。关于阿克城在西德尼·史密斯爵士到来之前的情况，英国战舰“塞修士号”的米勒舰长是这样向英国海军部报告的：

“我发现除了对着海的那些炮眼外，几乎每个炮眼都是空着的。全城的垃圾，倒在城外，多年积累，堆积如山，把进入城门的路堵住了，使该城和唯一从侧面掩护它的炮群和海岸隔绝了。他们的炮台都没有暗炮台、旋转装置或防弹装置。他们的炮倒是不少，但一般都是有毛病的小炮，炮架一般也是有毛病的。”

由于米勒舰长的能力，这些缺陷才部分地得到弥补；但当西德尼·史密斯爵士于 3 月 15 日到达时，阿克的城防工事仍然薄弱得可怜。

史密斯很走运，他在卡尔梅勒山的海角外，俘获了七艘装载着拿破仑攻城炮群的法国船队。这一事件对围城和整个战役的成败，都有决定性的影响。

在勇敢的英国海军军官和水兵的协助下，他设法修补了被法国野战炮打开的缺口，并在最易遭到攻击的各处，修筑了内围防御工事。这些内围工事后来挫败了攻城部队多次极其顽强的冲锋。攻城的法军，先前连战连捷，满怀信心，在他们的伟大司令官亲自督战下更加勇气倍增。他们接连向城墙的缺口发起了九次冲锋，但是，九次都被英勇顽强的英国水兵和土耳其军队打退了。

在这些苦战过程中，拿破仑抽调了相当大的兵力，派往内地，去打退一支企图为阿克解围并入侵埃及的土耳其和马穆鲁克部队。第一次遭遇战是在拿撒勒附近打响的。在那里，朱诺表现了当年在意大利成名的那种智勇双全的特点。但是决定性的一仗，是在离塔博尔山山麓不远的厄斯德累伊伦的平原上进行的。

克莱贝尔师的两千人在此地有好几个钟头受到骑兵和步兵的沉重压力，这些兵是从土耳其苏丹的各个领地调来的杂牌军。克莱贝尔这位身材魁梧的阿尔萨斯人的英雄气概和他部下的坚韧耐战也几乎抵挡不住这些穆斯林骑兵和步兵的猛烈冲锋。后来，终于听到了拿破仑的炮声。这位主帅率领着排成三个方阵的援军飞驰前进，很快就把云集在法军周围的东方人扫荡开了。最后，两支法军密切配合，把敌人赶回各个山口，其中有些山口由于拿破仑有先见之明，法军已先行占领了。

到了4月15日这个难忘的日子的傍晚，两师兵力的法军由于作战英勇、部署巧妙，把近3万名敌军打得溃不成军、望风逃窜。而这两师人的总数还不到敌军的1/7。在近代战争史中，从来没有比这次以少胜多的范例更为接近当年亚历山大大帝的战绩了。胜利的法军在重返阿克城下和他们的战友会合时发现，攻城并未取得进展，有一段时间，围城军队依靠用地雷爆破的办法攻城，但并无成效。菲利波5月1日中暑病倒，英国的道格拉斯上校立即接替了他；这位上校挫败了法国工程兵的种种努力，并使该城一直坚守到盼望已久的土耳其援军到来的时候。5月7日，远远望去，土耳其帆船正出现在几乎是无风的海面上。拿破仑立即作出最后努力要把这个“土围子”猛攻下来。英勇的拉纳身先士卒，率领军队攻下城的东北角，并把法国三色旗插在城楼上；但英国分舰队司令派去的大批水兵挡住法军，使之无法再前进一步。这时，刮起了一阵顺风，把土耳其援军送到岸边。他们及时登陆把失陷的东北城角夺了回去。

这场不寻常的攻城战，使两军都筋疲力尽了。一股凶恶的自然力量正在侵袭围城的部队。随着天气转热，越来越多的法军染上瘟疫倒下去了。5月10日攻城又遭失败后，许多营的士兵拒绝踏着他们战友的腐烂尸体向城墙缺口处前进。拿破仑在用尽一切力量还打不下阿克之后，终于在5月20日夜晚，下令撤兵。这次长达九周的围城战役给拿破仑带来了严重的损失，其中包括损失了两位将军。但是最大的损失莫过于丧失了他一直享有的百战百胜的威名。

望着阿克城下法军那可怖的尸山血海，拿破仑知道从青年时代便一直萦绕在他的脑际、激荡着他的雄心的东方之梦就是在这个叙利亚沙漠边缘的要塞面前中止了。这个东方之梦似乎直到围城即将结束时，还萦回在拿破仑的脑际。整个围城期间以及后来，经常可以听见他痛骂那个“小破土围子”。是呀，正是那个小破土围子从中作梗，使他不能实现命中注定要由他实现的大业——创建东方帝国。至于建立东方帝国一事，纳布卢斯附近的各部落公开表示的敌对态度，已经说明，拿破仑争取穆斯林的努力完全徒劳无功。

幻想破灭的痛苦再加上对伤病员的同情心，使拿破仑又一次对自己失去了控制。他下令所有的骑兵一律下马，以便让出足够的马匹来运载病号和伤员。当时有一个侍卫官来问司令官，要把哪匹马留下给自己骑。拿破仑抽了他一鞭子，骂道：“你没有听见命令吗？人人步行!”这位伟人从来很少用粗暴的举动来玷污他的高尚行为。这一事件充分显示出他感情的激动。他的情感一向是强

探望病人的拿破仑

烈的，这时更因为精神上的失望和身体上的痛苦而过度激动了。当时也确实有许多事情使他恼怒。虽然他向督政府谎报说，在整个这次远征中他的损失没有超过1500人，但他在阿克一地，战死、负伤和得瘟疫的将士，就将近5000人。在那次可怕的向雅法撤退途中，他不仅因为时而有些士兵当着他的面自杀而大为震惊，而且因为军官和士兵们对于伤病员的疾苦和需要毫无同情心而激怒。正是为了惩戒这种残忍行为，他才命令全军步行。

7月14日，有消息传到开罗说，一支土耳其舰队已抵达亚历山大港外并准备登陆，拿破仑立即率领一个纵队长驱100英里沿尼罗河而下至拉曼尼亚。在那里，他才获悉一个土耳其运兵船队在西德尼·史密斯的海军中队护送下，已在阿布基尔湾登陆了8000人，并俘虏了据守该要塞的法军。不过这支土军没有前进而是在该堡以南的滩头掘壕据守。拿破仑在集结了10000人之后，于7月25日拂晓向土军防线发起进攻。缪拉准将率一个骑兵旅冲击，突破了土军的防线，他还亲手砍伤并俘虏了土军司令。

在阿布基尔之战结束，双方交换俘虏时拿破仑从西德尼·史密斯送给他的报纸中得知，法国国内局势正急转直下，在莱茵地区和意大利的法军被奥军和俄军击败；举国上下惊惶不安，一片混乱。“祖国处于危险之中!”这对拿破仑的确是一个很好的借口。他决定返回法国。8月18日，他带了一批精心挑选的人才，乘夜幕悄悄离开了开罗，声称他要去上埃及视察，却登船沿尼罗河而下。22日，他抵达亚历山大港，黄昏之后，他在冈托姆将军的陪同下登上了一艘快速炮帆船。第二天早晨，他在拂晓的微风中起航，仅留给克莱贝尔一封信，命令他代理东方军团司令。经过 47 天的顺利航行并成功地避开了纳尔逊的舰队之后，拿破仑于 10 月 9 日在圣拉菲尔登岸。

这个做法道义上是否正当，曾引起激烈的争论。全军的士卒似乎认为这简直是开小差。他作出这一重要决定，所考虑的主要是他个人的动机，这一点是不容否认的。

对拿破仑来说，东方之梦已像沙漠中的海市蜃楼一样可见而不可及，那么，他就必然重新选择施展他个人才智的舞台，这个舞台就是那遥远的巴黎。

第五篇　第一执政

亚历山大、凯撒、查理曼和我所建的国都用武力，耶稣所建的国则用仁义。世界上最高者乃为国王，国王不过是人，耶稣则超乎人。世人不能和他等量齐观。当我执政时，虽有人为我牺牲，但须我亲临其前，力加训勉，始能收效。耶稣建国十八世纪以来，男女信徒甘心乐意为其赴汤蹈火在所不辞者不可胜数，更以为他受苦受死为荣。

——拿破仑

雾月政变

1798 年底法国面临严峻的形势。俄、英、奥、西班牙、土耳其、那不勒斯等国组成了第二次反法联盟。反法联军从意大利、瑞士、荷兰、莱茵地区四个方面进攻法国。督政府的勾心斗角、腐败无能以及经济困窘加剧了法国各阶层的不满情绪。军队中的士兵缺少鞋袜和粮饷，成千上万的成年人甚至为逃避兵役而到处流浪。有产阶级也在责备督政府的昏庸无能，因为督政府的内外政策没有给他们带来任何好处。早已销声匿迹的保王党运动，突然又在旺代死灰复燃了。法国到处都是不安、动乱和不满。督政府已经没有足够的力量制服各个党派，平息愤怒的情绪。人们期盼着一个强有力的人物出现，希望这个人能够恢复法兰西昔日的平静和荣耀。

雾月政变

拿破仑在弗雷居斯登陆的消息不胫而走，这个战功卓著的军人，曾把法国国旗插上罗马神殿和金字塔。他的伟大活动、他的辉煌战绩、他对法兰西的忠诚献身精神以及对自由原则的肯定态度，吸引着众多群众涌向他的身旁，人们心中又出现了美好希望。拿破仑在向巴黎的行进途中，人们为拿破仑的归来举行了隆重的欢迎仪式，张灯结彩，举行游行，把他当作共和国最优秀的将军来欢迎。

10月16日，拿破仑到达巴黎后的第一个目标是在督政府取得一个席位。他开始物色自己的合作伙伴。10月18日至20日，拿破仑在家里分别会见了塔列兰、罗德雷、马雷、雷阿尔、富歇等人，其中塔列兰和富歇在拿破仑的计划和活动中具有重要地位。塔列兰身为贵族和主教，曾因在国民议会上提出没收教会财产的议案而出名。在国际问题上，他与拿破仑的看法一致，他担任督政府外交部长期间，同拿破仑有书信往来。塔列兰具有卓越的外交才能和审察能力，他决定公开出来为拿破仑服务。富歇在雅各宾专政时期便以残酷的暴力闻名，后来同热月党人一起推翻罗伯斯庇尔的统治。他现在担任督政府的警察总监，握有实权。富歇是个见风使舵、制造阴谋的能手，他从拿破仑身上看到了自己的前途，决定投靠拿破仑，从内部策划政变。

现在拿破仑要考虑的是如何对付五位督政官。他认为五位督政官中，戈伊埃、穆兰、罗歇·迪科三人无足轻重，因为这三人毫无主见，只知附和另外两位督政官西哀士和巴拉斯的意见。对付这三人轻而易举，关键是如何对付西哀士和巴拉斯。他本想与巴拉斯合作，挤掉西哀士，取代他担任一名督政，但很快发现这个计划行不通。虽说巴拉斯果断、聪明、细致，职务甚高，但是他那恬不知耻的盗窃行为、无法掩饰的贪污行为、与供应商和投机商一起营私舞弊、在忍饥挨饿的贫苦群众前大摆酒宴，这一切都使巴拉斯臭名远扬，成为督政府腐败、罪恶和瓦解的象征。拿破仑决定与西哀士结成临时联盟。西哀士在革命前夕，因发表《什么是第三等级》而获得盛名。督政府时期，他先担任驻柏林大使，1799 年 5 月代替勒贝尔出任督政官。他的名声远比巴拉斯要好。此时，西哀士也正在物色听话的将军以巩固和增强自己的政治地位。他曾注目于儒贝尔和莫罗，但儒贝尔战死，莫罗在政治上又不称他的意。现在拿破仑出现了，他把拿破仑当作他理想的代理人，于是，二人结成临时联盟。只是西哀士万万没有想到在这场斗争中，不是拿破仑为他冲锋陷阵，而是他充当了拿破仑的马前卒。

10月31日，拿破仑没有出席奥地利、俄国军旗展览会，也没有出席巴拉斯为全国将军、外国使节举行的晚宴。而是在他的弟弟吕西安的家中再度会见了西哀士。在吕西安家里，他们制订了一个政变计划：在政变那天散布谣言，说有一个雅各宾的阴谋正在进行中。然后让两院作出一项决议，把两院从巴黎中心迁移到离首都几公里的一个小镇圣克鲁，并任命拿破仑为巴黎武装部队司令作为“预防措施”。拿破仑让西哀士负责说服督政官迪科参加政变，而对于其他三位督政官，则采取说服、威胁和利诱等手段迫使其辞职。

11月1日晚上，大多数的工作已经准备就绪。拿破仑到塔列兰家讨论政变细节，谈话进行到深夜时，突然听到，街上传来一阵吵闹声，两个人异常惊慌，以为阴谋已经败露，督政府前来逮捕他们。塔列兰将灯熄灭，走到阳台上看了一会，原来这只不过是街上夜游者的一场狂欢，两人虚惊一场。

11月7日，拿破仑同塔列兰、西哀士并进晚餐，同时被邀请的还有贝尔纳多特和儒尔当。儒尔当是北方战线上的英雄。席间，拿破仑问儒尔当对目前政局有何看法，儒尔当答道：“除非能够出现较为稳定的秩序，不然的话，救国恐怕没有希望。”拿破仑放心了，儒尔当不会妨碍他的行动。

政变的发动者决定在48小时内行动。缪拉、拉纳和马尔蒙分别去通知各个部队的军官，贝尔蒂埃负责参谋部，吕西安负责五百人院。

11月9日即共和历雾月18日上午，法国历史上一个重要的时刻就要到来了。所有忠于拿破仑的将领都在他家会集。拿破仑就像指挥一场战斗一样，向大家宣告了政变的具体细节。与此同时，元老院正在杜伊勒里宫举行会议。一位议员宣布：雅各宾阴谋正在进行，共和国很快就会被这些兀鹰啄死。这个议员正是拿破仑的一名党羽。然后，另一位支持拿破仑政变的议员雷尼埃引证宪法第102条，建议通过两项提案：即把立法会议移到圣克鲁开会和任命拿破仑为首都以及近郊武装部队总司令。因为许多没被吕西安拉拢过来的议员没接到开会通知，所以这两项提案以虚假多数获得通过。

早上8点半，元老院代表乘车到拿破仑府邸，将这一命令授予拿破仑。拿破仑立即向在座的将领宣读议会对他的任命书。然后，在一批威武显赫的将领簇拥下乘马车来到元老院。拿破仑向元老院发表了一篇简短、不甚连贯的演说，他说：

“诸位公民代表们，共和国在危急中，你们充分了解这种情况并颁布法令去拯救它。灾难归于那些企图制造困难和混乱的人！在勒费弗尔将军、贝尔蒂埃将军和我的军队同伴们的帮助下，我将把他们逮捕起来。……你们明智地颁布了这个法令，我们的双手有能力完成它。我们要的是基于真正自由、平等、人民代表制各原则的共和国。我以我的名义和我同伴们的名义发誓，我们一定能获得这样的共和国。”

这时，在杜伊勒里宫的园林里，早已集结了一支数万人的庞大军队，由布农维依、莫罗、麦克唐纳等将领率领。拿破仑检阅了这支部队，向他们宣读了元老院任命他统率一切武装部队、责成他维持公众安宁的法令，并发表了讲话：

“共和国两年来的治理工作很糟糕，你们曾经希望我的回国将会结束这么多的灾难。你们一致祝贺我的任命，我正在完成这一任命所给予我的那些任务。你们将完成你们的任务，你们将以我经常在你们中间看到的那种毅力、坚定和信任来协助你们的将军。自由、胜利与和平将把法兰西共和国重新放在欧洲所占有过的位置上，只有无能或背叛才会使它失去这个位置。共和国万岁!”

军队以暴风雨般的掌声向他欢呼。

督政府已经到了它的末日了，西哀士和罗歇·迪科因参与了这场政变从而正式结束了自己的督政官身份。戈伊埃和穆兰眼见大势已去，也都宣布辞职。督政府就这样不费一枪一弹地解散了。

雾月19日清晨，拿破仑命令在巴黎和圣克鲁之间部署军队。军队很快行动起来，包围了会场。拿破仑自己也乘一辆敞篷马车，由骑兵队保护着，从巴黎到了圣克鲁。一切都在有计划地进行着。

在五百人的会议上，有许多人由惊奇转为愤怒，不能容忍这样多的军队包围了他们的会场，他们也不理解为什么突然地、莫名其妙地把他们的会议从巴黎搬到圣克鲁。他们大骂拿破仑是个阴谋家、强盗、罪犯和独裁者。拿破仑得知后，大吃一惊。

下午1时，在圣克鲁宫的两个会议厅里分别举行着两院的会议。拿破仑及其亲信在旁边的大厅里等候两院通过有关成立新政府的决议。然而，时间一小时又一小时地过去了，两院不仅没作出成立新政府的决议，反而对昨天元老院通过的那两项提案产生了怀疑。事情并没有出现良好的发展趋势，而这时已经是黄昏时分，拿破仑意识到得马上采取果断的行动，否则将功亏一篑。

拿破仑刚打开门，一群代表向他涌来，有人拉住他的衣领，有人想扼住他的咽喉，有人用手枪、匕首威胁他，拿破仑一下呆住了，他那卓越的军事指挥才能和善于鼓动士兵的艺术在此时丝毫帮不上他的忙。个子矮小、身体瘦削的拿破仑几乎被愤怒的代表们打个半死。勒费弗尔将军和一些掷弹兵推开议员，把拿破仑救出了大厅。

拿破仑决定用公开的暴力，他毫不踌躇地解散五百人院。他同五百人院主席吕西安一起去检阅军队，怎样同军队说话，他是有经验的，他高声对军队说："阴谋家聚集在五百人院，他们用手枪和匕首威胁我，实际上是用来威胁共和国。士兵们，我能够把希望寄托在你们身上吗?"士兵们迟迟没有肯定的回答。这时吕西安在一旁拔剑高呼："要是我哥哥胆敢损害法国人的各项自由，我誓把这剑插进他的胸膛。"士兵们听了这句话，犹豫顿时消失。拿破仑发出命令，鼓声大作，缪拉率领的掷弹兵跑步进入圣克鲁宫。

鼓声逼近会议厅时，一些代表号召大家进行反抗，宁死不屈。门打开了，掷弹兵持枪冲入大厅，朝着不同方向跑去。一直没有停息的鼓声掩盖了一切。代表们四面逃散，有的从门口逃走，有的跳窗而逃，但他们很快又被从四面八方逼向宫殿的军队包围起来。

逃跑的代表被抓了回来，他们在刺刀的威逼下开了会，通过了解散议会的决定。随后，这些代表被和平释放了。晚上，在圣克鲁宫的一个灯光暗淡的大厅里，元老院驯服地通过了建立执政府的法令，把共和国的权力移交给三个执政，即拿破仑、西哀士、罗歇·迪科。

凌晨2时，3名新执政宣誓忠于共和国。凌晨3时，一切都安排妥当，圣克鲁宫恢复了往日的宁静，呈现出一片空旷无人的外观。拿破仑乘坐马车返回巴黎。

雾月21日晚，拿破仑迁入卢森堡宫。法国已被他踩在脚下，野心勃勃的拿破仑开始了他的帝国之梦。

重立宪法　独揽大权

执政府成立之初，为了控制法兰西的各条命脉，拿破仑任命自己的亲信担任政府各部门的部长，这些部长全都是精明的人士，而且大都是拿破仑在雾月政变中的得力助手。另外，在这新成立的政府当中也有许多以前督政府的人员。拿破仑之所以这么做，一方面是执政府刚刚成立，需要拉拢人心，巩固统治，另一方面拿破仑的用人通常是不计前嫌，贤能者居之。看到这些人心甘情愿的为新政府卖命，拿破仑当然是求之不得。

解散了督政府，废除了旧宪法，刚刚成立的执政府需要一部新的宪法。于是这项重大的任务便落到了法学家出身的西哀士身上。实际上，西哀士最大的心愿就是在法国施行新的宪法，他欣然接受了这项任务。

新的宪法秉承“信任自下而上，权力自上而下”的指导原则，立法机关分为参政院、保民院、立法院三个部分。参政院提出法案，保民院予以评议或同意，立法院只是听取那些法案。这三个机构彼此对立。

第一执政官拿破仑

对于新宪法，拿破仑基本上表示赞同，却对其中的一条表示坚决的反对。为了防止独裁政府的出现，西哀士在新宪法中规定："由元老院选出终身大选长。这位大选长居住在凡尔赛宫，有权任命两个执政分别负责战争与和平，接见外国使节，以他的名义颁布各种法律。大选长是国家荣誉、权力尊严的唯一代表。但如果大选长或者是某一高级官员企图永远独裁的话，元老院可立即将这人吸收到元老行列中，或者予以罢免。"

拿破仑对于大选长权限所加的限制表示强烈的不满，西哀士将首席官员贬低到了一个只是徒有虚名、无所事事的地步，这种做法无疑是把雄鹰飞翔的翅膀绑上绳索，或者更像是剪断他的翅膀，把他关到笼子里供人观赏。拿破仑无法容忍别人的约束或者是和他共享权力，他说过：

"我有野心，对我来说，那是很自然的，是天地赋予我的，它同我的生命联系在一起，正像流在我血管里的血液和我呼吸的空气一样。权力是我的主妇，我花了很大的力气才得到她，不容她从我这里被夺走，即使有人艳羡她也不行。"

拿破仑向西哀士提出了抗议，最终让这条提议从草案上消失。拿破仑推翻了原来精巧均衡安排的官僚制度，由一个几乎是权力无限的独裁制度取而代之。

1799 年 12 月 15 日，新方案以成功的形式提交法国人民，要求他们接受。公告是这样结束的："公民们，大革命已经回到了它当初借以发端的原则。大革命已经结束。"代表革命完成的新宪法一经传播，就受到了民众的热烈欢迎。

1800 年初，这部经过拿破仑修正的宪法草案交付给全民投票表决，法国民众以压倒多数——3001007 票赞成、1563 票反对——接受了这部宪法。其实，民众希望的是能够结束革命和动乱，过上安定的生活，对于政府的权力究竟是一个人独揽还是几个人分配，他们并不关心。

拿破仑终于如愿以偿的拥有了至高无上的权力，牢固地坐稳了第一把交椅。身为第一执政，拿破仑有权力任命政府各部长、参政院成员及各省省长；有权任免驻外人员、军队将官及法官；有权签署对外条约。他不但掌管了一般政府官吏，而且掌握了陆军、海军和外交官员的生杀任免大权。

改革弊制　整顿朝纲

拿破仑终于借助宪法满足了权力的欲望，他开始大展拳脚了。面对着腐朽无能的督政府留下的烂摊子，拿破仑的脑海里涌动着无数个治理的想法和目标，他决心大刀阔斧地改革了。

拿破仑在一批富有经验的人才的支持下，大刀阔斧地进行地方行政改革，加强中央集权制。1799 年 12 月 25 日，法国成立了以拿破仑为主席的参政院。参政院人员是由拿破仑精挑细选选出来的，他们在行政方面有着丰富的经验，29 名人员组成了陆军、海军、财政、立法、内务五个部门。在拿破仑的主持下，参政院定期召开会议。会议上，参政只管陈述自己的观点，但是最后的决定权还是在拿破仑的手中。1800 年 2 月 17 日，他下令取消了地方自治和选举制度。各级行政区都由一名行政长官领导。同中央政府一样，地方所有官吏都由政府委派，其中大部分省长由拿破仑直接任命。这些省长直接向中央政府负责。他们的职权得到细化，各司其职，提高了管理水平和办事效率。

拿破仑认为强大的国家必须拥有强大的工业和发达的商业。政府给工业以巨额津贴，建立新企业，举办工业博览会，鼓励机器生产。为了保护国内工商业发展，拿破仑政府采取了坚决的关税保护政策，抵制国外商品在国内市场的倾销。在交通运输方面，1800 年，政府投资修建从巴黎到里尔、马赛、波尔多、斯特拉斯堡和布勒斯特的各条公路，并着手开拓圣康坦、乌尔克等运河。拿破仑派遣了很多工程师到工

第一执政时期的拿破仑

地，自己也经常去那里，同工程师们一道拟订开拓方案。这一切加速了法国资本主义的发展。1800 年 2 月 13 日，在“往来存款银行”和“商业贴现银行”的基础上建立了法兰西银行。此银行在法国金融和工业生活中起了重要作用。

在执政时期，拿破仑坚持认为在法语当中没有“不可能”三个字，他的意志和力量也影响了法国人民。在这样一个钢铁造就的人的影响下，法国被一种新的精神所激励，人人都在同心协力重建法兰西。拿破仑的改革很快便卓有成效，法国恢复了大革命恐怖时期失去的稳定和自信。新的工业逐渐发展起来，商业又重新活跃，人们过上了一直想要的安定的生活。拿破仑还主张人们恢复大革命前的“先生”和“夫人”的称谓。法国人民意识到法国的确是发生了翻天覆地的变化。

身为第一执政的拿破仑这时更加认识到人心向背对一个政权巩固的重要性。为了笼络人心，他在卢森堡宫向荣立战功的官兵授予荣誉马刀和步枪。在第一批被授予马刀的官兵中，有一个叫莱翁·奥纳的掷弹兵军士，他获准上书第一执政表示谢意，拿破仑立即复信道：“我收到了你的信，我勇敢的同志；你无须提醒我你的英勇行为，自从勇敢的班纳赛特死后，你是军中最勇敢的掷弹兵。你领取了我分授的 100 把马刀中的一把，谁都同意，你是最当之无愧的。我很想再见到你，陆军部长下令让你前来巴黎。”这封信在全军流传，法国最伟大的将军、第一执政称呼一个军士为他的勇敢的同志，这种平等的态度使整个军队热情高涨。

拿破仑这种笼络人心的手段同样也运用在文官中。文官们也像武官一样，为了得到一枚勋章或主宰的一个微笑，而不惜赴汤蹈火。拿破仑素以精力旺盛、不知疲倦而著称，他每天除了几个小时睡眠、15 分钟的午餐和不到 15 分钟的早餐时间外，其余时间全部都用来工作。他也以这个标准去要求别人。在他身边的每个人不得不超出一切限度来工作，然而，没有人对此抱怨。一个曾在拿破仑时期长期任职的官员说："拿破仑有一种用亲昵而毫不拘礼的态度来提高人们对事业的忠诚的本事。他在必要的场合下，善于用这种态度来对待下级，像对待平级的人一样。"这种本事使人们产生激情，就像他在军队里使官兵产生激情一样。人们在工作中累得筋疲力尽，就像官兵们在战场上牺牲一样，毫无怨言。

拿破仑虽为第一执政，但他的野心并未得到满足，执政府只不过是迈向君主制的一个步骤。卢森堡宫变得太小，容纳不下政府首脑，拿破仑决定要搬到法国历代国王的寝宫杜伊勒里宫去住了。

1800 年 2 月 30 日下午 1 时，拿破仑离开卢森堡宫。3000 名精选士兵以齐整划一的步伐在乐队高奏声中行进。将官和他们的幕僚骑马，各部部长乘车。独有执政乘的马车由 6 匹白马拉曳，令人想起光荣与和平。这些漂亮的马匹是坎波福米奥条约缔结后德国皇帝赠送给拿破仑的。拿破仑还佩带着弗兰西斯皇帝馈赠他的贵重马刀。与第一执政同乘一辆马车的是另二位执政康巴塞雷斯和勒布伦。通往杜伊勒里宫的各条大道上都有卫队夹道欢迎，民众的欢呼声不绝于耳。

军队在杜伊勒里宫前面的广场上列队。第一执政下了马车，纵身上马，检阅部队。周围挤满了看热闹的群众，还有许多衣着优雅的妇女，他们异口同声地高呼："第一执政万岁！"拿破仑缓缓地走过各个团队，向他们说了许多鼓舞士气的话。然后，他在接近杜伊勒里宫大门处就位，右侧有缪拉，左侧是拉纳，背后站立着大批年轻的勇士，他们的颜面已被埃及和意大利的太阳晒得黝黑。在这里还悬挂着第93、43和30等几个残旅的军旗，这些旗帜只剩下一根光秃秃的旗杆，上面挂了几条已被硝烟熏黑的弹痕累累的碎片。拿破仑对着军旗脱帽鞠躬致敬，顿时赢得了成千上万的人同声喝彩。军人排成单人纵列后，拿破仑正步跨进了杜伊勒里宫的大门。

背景知识

杜伊勒里宫

1559年法国国王亨利二世去世后，其遗孀卡特琳·德·美第奇决定搬出亡夫居住的卢浮宫，另建新宫。1564年，卡特琳·德·美第奇下旨在卢浮宫西面约250米远的地方营建杜伊勒里宫。“杜伊勒里”的名字来于该处的一座石灰窑。

杜伊勒里宫的设计师为菲利贝·德·洛梅，他在设计时参考了意大利文艺复兴时代的宫殿建筑，将布局设计成南北向的长条形宫殿，西侧的所有主要房间均面向西边的杜伊勒里花园。宫殿主体建筑为两层，一层为举行礼仪活动的公用空间，二层布置国王及王后的卧室和起居室等私人空间。二层之上有阁楼屋顶。建筑正立面中央为圆穹顶，两翼为法式方穹顶。杜伊勒里花园的布局仿照美第奇太后的故乡——意大利佛罗伦萨的花园，布局对称，并种植了来自意大利的柠檬、柑桔等植物。宫殿于17世纪初完工，由“花廊”与卢浮宫相连。

自亨利三世至路易十三，法国国王均往来居住于杜伊勒里宫与卢浮宫两处宫殿中。瓦卢瓦王朝的国王居住在空间封闭的卢浮宫的时间更多一些，1588 年“三亨利之战”中，吉斯公爵亨利一世曾下令其私兵和巴黎市民围困卢浮宫，攻打亨利三世。波旁王朝的几位君主喜欢更为开敞的空间，因此亨利四世和路易十三住在杜伊勒里宫的时间较多。

1799 年雾月政变后，拿破仑宣布杜伊勒里宫为第一执政的官邸。1804 年拿破仑称帝后，杜伊勒里宫改称为皇宫。

但是，拿破仑在位时期也对杜伊勒里宫——卢浮宫建筑群进行了扩建，建造了面向里沃利林荫路的北翼建筑，并在由此围合起来的巨大广场中修建了古罗马风格的骑兵凯旋门，作为杜伊勒里宫的正门。1806 年拿破仑将柏林勃兰登堡门顶端的铜驷马车运回法国，曾计划将其安放于骑兵凯旋门之上。

拿破仑一世时期，杜伊勒里宫的宫殿内部也经过了大规模重新装修，拿破仑聘请大量建筑师和艺术家，对其踵事增华，为宫

杜伊勒里宫

中添置了许多新家具、陈设、油画和壁画。这一时期的杜伊勒里宫成为拿破仑时期“帝国式”装饰风格的典范。

由于杜伊勒里宫在 1848 年革命中遭到抢劫和破坏，革命后建立起的第二共和国将爱丽舍宫定为总统府，但是 1851 年路易·波拿巴发动政变、改共和为帝制并自称拿破仑三世后，杜伊勒里宫再度成为皇宫。

拿破仑三世时期是杜伊勒里宫的黄金时期，拿破仑三世对宫殿建筑进行了大规模的维修翻建和重新装修，宫内金碧辉煌，豪华壮观，经常举行各种盛大的庆典、典礼、宴会和游园会。1855 年维多利亚女王访法期间曾下榻于杜伊勒里宫中。

拿破仑三世时期，还完成了持续半个世纪之久的杜伊勒里宫——卢浮宫建筑群扩建工程，在宫前围起了面积巨大的“拿破仑广场”。在奥斯曼男爵主持的巴黎城市改建工程中，杜伊勒里宫的立面形状成为巴黎主要干道旁新建的各主要公共建筑、饭店、公寓模仿的对象，这种被称为“第二帝国式”的建筑风格甚至传到了英国和美洲。

平定内乱

督政府末期，在法国南部和中部所有道路上强盗盛行。这些强盗在光天化日之下，拦路抢劫，杀害公众，袭击村庄。拿破仑上台后，决定肃清这批匪帮。拿破仑颁布命令：不抓俘虏，一律就地正法。窝藏盗匪或者购买赃物者或者与盗匪有联系者，一律处死。他派出大量军队，这些军队毫不留情地镇压了直接罪犯及其帮凶，并镇压那些姑息纵容的警官。

与此同时，旺代等地的王党活动非常猖獗。王党叛乱正在诺曼底、布列塔尼、旺代等地迅速蔓延，他们利用英国人从海上给他们提供的最好武器，借助森林和沼泽地带，进行长期的游击战争，反对一切革命政府。拿破仑对叛乱分子采取了软硬两手策略，他一面派出军队进攻叛乱分子，一面答应对立即放下武器的人实行特赦。这对分化瓦解叛乱队伍起了很大作用。

1799 年 11 月 24 日，埃杜维尔将军代表法国当局同叛乱分子首领缔结了第一次停战协定。叛乱分子为了进一步摸清拿破仑的意图，看看拿破仑能否出来支持他们的复辟活动，便派代表前往巴黎同拿破仑会面。双方就不在叛乱地区征兵、欠税延期缴纳和归还逃亡者尚未拍卖的财产等方面达成协议。拿破仑一方面表示“我不是王党分子”，另一方面又说“十年来，法国人的血流得够多了”，表示了和解的愿望。最后，拿破仑表示希望要同著名的叛乱首领乔治·卡杜达尔进行单独会谈，并保证他在巴黎期间的人身绝对安全。

这个身材高大、刚健有力的叛乱首领终于来到巴黎，同身材瘦小的拿破仑单独会面了。这次会见持续了几个小时。为拿破仑生命提心吊胆的副官们挤满了旁边的小屋，他们很清楚卡杜达尔为了自己的事业早已将生死置之度外，他是什么事都干得出来的。然而什么事也没发生。拿破仑提议给他一个将军头衔，加入军队，同外国人作战，卡杜达尔表示拒绝，返回旺代。

1800年1月10日，拿破仑发表公告："再也不能容忍那些没有信仰、没有祖国、堕落为外国敌人的可耻工具的人，拿起武器反对法国的人。"他号召平叛军队打一场快速而漂亮的仗，对土匪们绝对不能手软，对其同党及其姑息养奸者一律格杀勿论。在军队的严厉镇压下，一度十分猖獗的叛乱在拿破仑上台不到3个月的时间内便被平定了。乔治·卡杜达尔顽固地拒绝投降，逃到英国去了。

为了团结一切可以团结的力量，拿破仑对亡命者采取了宽容的态度。他取消了禁止贵族和亡命者亲属充任国家公职的规定。1800年3月3日政府作出决定，不许在逃亡者名单上再增添新的名字，即1799年12月25日以后出国的人不许以逃亡者对待。拿破仑对亡命者的宽容态度使王党分子对他产生了幻想，他们希望与拿破仑合作，一起恢复波旁王朝，并且多次派人写信给拿破仑，要求波旁王朝复辟。拿破仑很快就断掉了他们复辟的念头。

复辟不成的王党分子决定采取另外一种手段。

1800年12月24日即雪月3日下午4时许，日头西斜，余晖中一匹黝黝的老黑马拉着一辆双轮破篷车缓缓前进，赶车的三个人都穿着蓝色罩衫，一副鬼鬼祟祟的样子。他们穿过克雷利大街，又走过胜利广场，最后到达圣·尼凯斯大街，在这里可以看见杜伊勒里宫。这时夜幕已经降临，王宫的所有窗户都亮着灯。这三个人将马车停放在一个阴暗的角落里，随即开始精心布置一项暗杀拿破仑的阴谋。他们把车篷里放了满满一桶火药，然后雇来一个14岁的小女孩，嘱咐她把马车横在大路上，并要她看着马，不要让马移动。

这天晚上，海顿的大型圣乐《创世纪》在歌剧院首次演奏。拿破仑对音乐颇有爱好，准备同约瑟芬一同前往观看。晚上 8 点，拿破仑的车队从杜伊勒里宫出发了，圣·尼凯斯大街上顿时沸腾起来了，行人停下脚步，临街的窗户一扇扇地被打开，人们一个个探出身子，高呼着："他在那里!""拿破仑万岁!""第一执政万岁!"拿破仑的车队过来了，走在前面的是卫队，清一色的彪形大汉。后面的马车里端坐着第一执政和三位陪伴的将军。再后面的是约瑟芬的马车，因出门时为着装耽误时间太久，她与拿破仑的马车拉开了很长一段距离。

拿破仑的车队朝着那个装满炸药的马车飞奔而来，那个看车的小女孩已被这威武的场面吓得目瞪口呆。站在姑娘旁边的那个赶车人疯狂地翻动了一下篷布下面的东西，便慌忙躲到远处。刹那间，一声巨响震撼了大地，一道耀眼的光芒一闪即逝。石块、玻璃碎片、砖头、瓦片、泥块，犹如一场稠密的冰雹铺天盖地般地溅落下来。痛苦的吼叫声、焦灼的呼救声响彻漆黑的夜空。一群刚刚还是高高兴兴地欢呼着拿破仑的人都被炸得血肉模糊，看车的小女孩已被炸成碎片。炸药是在拿破仑和约瑟芬的马车之间爆炸的，拿破仑毫无损伤，唯有约瑟芬车内的博阿尔内小姐手上受了点轻伤。拿破仑的马车绕过圣奥诺莱大街的转角后停下，大家在等待第一执政的命令，拿破仑冷静地说："去歌剧院。"

雪月 3 日晚的爆炸事件使 8 个行人当场死去，60 多人受伤，其中 20 人也先后丧命。残酷的阴谋激起普遍的恐怖和愤慨。在此之前，警方已破获暗杀第一执政的案件达 30 起以上。这些暗杀案件中，有的是不满独裁的雅各宾党人干的，有的则是保王党人干的。为了镇压恐怖活动，拿破仑在全国范围内采取了坚决措施，逮捕、审讯、枪决、流放一批又一批王党分子和雅各宾党人，雪月 3 日的谋杀者也被送上断头台。

决战马伦哥

拿破仑在卢森堡宫宣誓就职时，法国还处在第二次反法联军的包围中。他深知一个新政府在旧政府的废墟上兴起时，如果国家处于战争状态，那笼络人心的最好机会是提出和平的前景，因为和平总是民众向往的目标。所以，尽管拿破仑内心希望用战争解决一切，但他表现出来的却是一副渴望和平的面孔，他一上台，就急于照会各国使节，并向英、奥、俄三国君主建议尽快停止军事行动。

1799 年的圣诞节，他向英王乔治三世和奥皇弗兰西斯二世发出私人函件，暗示以现状之基础来和平解决一切重要问题的时机已经成熟，他还暗示奥军应照原有和约撤回到阿迪杰河一线。英国国王没有理睬拿破仑的来信，只让大臣回复了一封傲气十足的函件。这位大臣在这份函件中说："如果法国真诚渴望和平，那么，现实的和持久的和平的最好和最自然的保障就是让法国原来的王室复位。这个王室统治法国已达数百年之久，并使法国国内安享太平，在国外备受尊敬。无论何时王室统治的恢复将立即排除和平谈判的一切障碍。”同时，英国首相威廉·皮特在下院猛烈攻击拿破仑，他用古罗马西塞罗的话坚决拒绝和谈建议：“为什么我再一次拒绝媾和呢？因为这种和平是不可靠的、危险的，因为这种和平是不可能缔结的。”得到英国的答复后，拿破仑高兴地搓着手对他的外交部长塔列兰说：“这是再好不过的了，这一回答充分地满足了我。英国需要战争，英国将会得到它。”

拿破仑率军出征

奥地利也拒绝了拿破仑的和谈建议，因为这时的奥地利军事上正处于优势，奥地利又一次成为意大利的主人并企图从意大利发动对法国的进攻。1800年4月，梅拉斯的奥军把萨沃纳附近的法军截为两段，絮歇的部队被迫向尼斯撤退，被赶回到瓦尔河畔；另一支马塞纳的部队也被围困在热那亚要塞内。尽管马塞纳和副手乌迪诺、苏尔特奋勇作战，但终究抵挡不住两倍于他们的敌军进攻，处境十分困难。

拿破仑命莫罗指挥的莱茵战线的10万大军在巴伐利亚一带活动，同克顿率领的奥军作战，以吸引住奥军的力量。他自己则采取一个冒险的行动，他没有顺应敌人的设想，去援救在热那亚陷入困境的马塞纳部队，而是从瑞士经过大圣伯纳德山口进入意大利，从后方袭击梅拉斯军队，夺取他的各个仓库、辎重库和医院，截断梅拉斯和奥地利的联系，迫使梅拉斯在被动的状况下作战。而梅拉斯奥军的失败就能使意大利的整个奥军覆灭，使法军重新赢得意大利。执行这个计划要求行动迅速、极端秘密和非凡的勇敢。但是，保守秘密是非常困难的，到处有英国和奥地利的间谍。必须瞒住他们，或者把他们引入歧途，拿破仑决定制造假情报。

1月25日，拿破仑对他的陆军部长贝尔蒂埃下了一道手谕：“我的意图是要组成一个预备军团，由第一执政亲自指挥。它应分成3个军，每军又分2个师。”6个星期后，拿破仑又进一步指示道：“成立一个预备军团，共6万人。由第一执政直接指挥。该军团将以第戎为集中地。”

3月初，预备军团在第戎组成，似乎是作为莱茵军团的增援。许多外国间谍迅速赶往第戎。4月初，外国间谍在那里发现了许多没有军队的司令部。这个所谓的预备军团大约只有3000到6000的新兵和服役过期的老兵，其中还有一些残废军。间谍们看到拿破仑于5月6日以盛大的仪式检阅了这支人数不到7000且大部分没有穿制服的预备军。这些情报飞快地传到伦敦、维也纳和意大利，人们得出一个结论：预备军并不存在。拿破仑的计谋再次有效，正当联军司令部兴致勃勃地嘲笑拿破仑的时候，在法国东南部，一支真正的预备军正秘密而迅速地集中在瑞士边境。

由于新宪法中规定第一执政不得亲自指挥军队，拿破仑命令贝尔蒂埃为预备军团总司令，卡尔诺继任陆军部长。拿破仑坐镇巴黎，通过卡尔诺向贝尔蒂埃下达了一连串命令，贝尔蒂埃实际上只是一个名义上的司令。不久，拿破仑接到贝尔蒂埃从日内瓦发来的急件，要求他迅速赶赴军营，拿破仑决定离开巴黎。

为了掩人耳目，防止别人知道他是前去指挥军队，离开巴黎前夕，拿破仑把巴黎交给了康巴塞雷斯和勒布伦，并对他们说，无论是谁，只要他破坏巴黎的平静就给予打击。他还对另外两名执政和各部长说自己最远只会到达日内瓦，离开巴黎不会超过15天。

1800年5月5日凌晨，拿破仑一行出发了。他们是沿着勃艮第大路行进的。沿途拿破仑谈兴甚浓，他大谈古代的军人，如亚历山大、凯撒、西庇阿和汉尼拔，他对这些统帅的地位和各人的手段研究得非常透彻。拿破仑熟悉他们就像熟悉自己的下属那样，他对古代名将精辟的评价和独到的见解使同行人对第一执政佩服得五体投地。

在日内瓦，拿破仑会见了派去探测圣伯纳德大山口的工程师马来斯戈，马来斯戈如实地向拿破仑汇报了军队经由圣伯纳德大山口进入意大利的种种困难和骇人情景。“能够通过吗?”拿破仑打断这位工程师的叙述问道。“勉强可以通过。”马来斯戈答道。“很好。”第一执政说：“我们前进吧!”

5月12日，拿破仑到达洛桑，检阅了真正预备军团的前卫部队。这时，拿破仑收到马塞纳在4月29日写的一封信，这封信是越过敌线偷送出来的。信中道：“看在上天的份上赶快救我！这个城市已经受到海陆两面的封锁……我只有30天的口粮。”拿破仑回信道：“我已到洛桑两天。全军都在行动……我深知你处境困难，但使我放心的却是有你在热那亚。在这种时候，你一个人可以抵得2万人。”

拿破仑下定决心冒阿尔卑斯大山的一切危险和困难突入意大利。为了比较容易搜集行军所需粮秣储备，使进军能够更迅速地完成以及使敌人摸不清行军目的，拿破仑命令军队采取不同路线分四路前进。他自己率35000人的主力，携带大炮，翻越大圣伯纳德山口，蒙塞率15000人的左翼经由圣哥塔出山，杜劳的5000人的右翼取道切尼山方向，左右两路军均配合主力行动。沙布南率5000人穿越小圣伯纳德山口，与主力会合于奥斯塔。

拿破仑翻越阿尔卑斯山

5月15日，各路队伍按照计划均已出动。拿破仑所率的这支由骑兵和步兵组成的军队任务最为艰巨，它载负着战斗所需的全部军火，包括40门野战大炮在内。拉纳带领先锋部队在前开路，贝尔蒂埃和拿破仑亲自指挥后卫，因为后卫有炮兵随行，这是整个部队的威力所在。由于道路条件恶劣，部队只能沿一条道行进。漫长的队伍犹如一条灰色的长蛇，在高山深谷中缓缓移动。到了圣彼埃，道路消失了，到处是悬崖峭壁和深深的积雪，部队只好攀登怪石嶙峋的、堆满积雪的山脊强行前进。每个人心中都十分紧张，行动也格外小心，生怕稍有不慎，摔进无底深渊。头顶的冰川也有随时崩落的危险。

大炮和弹药的运输最为困难，原先准备用来搬运大炮的雪橇已完全不顶用了。幸好当地农民教给拿破仑一个办法：把松树干按尺码锯断，锯成两半，将中间掏空，然后从炮车上将炮管卸下，装在掏空了的树干中捆好，炮尾朝前，炮口朝后，再在炮尾环上系上绳索，由身强力壮的士兵拖着它前进。架炮的车轮则由骡子驮着行走。这个绝妙的主意使得炮兵得以顺利前进。

拿破仑为了鼓舞那些拖拉大炮的士兵，自己不骑骡子，而是与士兵一同步行。在特别难走的路上，拿破仑命令号角与战鼓发出冲锋号，激励士气，他充分相信凭着自己和战士们的毅力可以战胜“天险”。

历尽了千辛万险之后，5 月 16 日，拉纳前锋终于抵达秀丽的奥斯塔山谷，与其他部队迅速会和了。到这时为止，拿破仑的军队不曾遇到任何抵抗，梅拉斯将军完全蒙在鼓里。17 日，法军抵达沙蒂隆。在这里遇上了小股奥军。面对突如其来的法军，奥军惊慌失措，他们做梦也没想到这个方向也会冒出一支法国军队。由于仓促应战，再加上兵力悬殊，奥军很快败北而逃。

5 月 18 日，法军在东进途中碰上了一个十分坚固的堡垒巴尔德堡，法军的前进受到阻碍。巴尔德堡位于多腊巴尔特亚河谷的左岸，地势十分险要，围有两道围墙，装有两层炮台，下层 12 门，上层 5 门，控制着进入皮埃蒙特平原的狭窄通道。只有攻占此堡垒，才能保证炮兵通过，继续前进。前卫部队攻打巴尔德堡，但因地形不利，未能攻下，只好绕道而行。5 月 21 日，法军攻占了伊夫里亚镇，俘获 300 名奥军和 14 门大炮。然而巴尔德堡的奥军仍在固守，法军炮兵无法通过。拿破仑静等了 3 天，巴尔德堡仍未投降，他终于按捺不住了。“我等不及了。”他说：“这些蠢材永远攻不下巴尔德堡，我得自己去。”

5 月 23 日，拿破仑亲自来到一处可以俯瞰巴尔德堡炮台的高地，匍匐在灌木丛中，仔细观察炮台。很快他便指出进攻部队的几个错误，还命令在他指示的地方建立新的炮台，并说在新炮台向堡垒发炮就可以取胜。6 月 1 日，法军按照拿破仑的指示攻堡，巴尔德堡终于投降。

法军主力终于走出了阿尔卑斯山区，皮埃蒙特平原就在眼前。现在拿破仑有三个作战方案可供选择：一是主力直逼热那亚，以解马塞纳之围。这可以吸引奥军主力回救，并可能合击奥军而取得胜利，也顾全了与部下的关系。但奥军有可能退守待援，致使战事拖长，艰苦的大迂回起不到应有的作用。二是主力进逼都灵，与杜劳军会合，寻找机会攻击奥军主力。但对解马塞纳之围无济于事，且难形成战略包围之势。三是主力直取米兰与蒙塞部会合，迂回奥军背后，切断联络线，形成战略包围。但局部将受损失，热那亚的马塞纳部不得不被放弃。拿破仑权衡再三，决定采取最后一种作战方案。

这时，一份急报送到拿破仑手中：敌人仍在围攻热那亚，并不断加强炮击，热那亚危在旦夕。要向该地进军，则一分钟也不能浪费。拿破仑将这份急报弃之一旁，随即分派各部大军去占领指定地点；拉纳军团进逼都灵，掩护主力右翼，并夺取波河上的渡河点。缪拉进占波河南面的皮亚琴察，以切断奥军退却线。主力则直趋米兰。

奥军主将梅拉斯直到 5 月底确信拿破仑已率军横越阿尔卑斯山，而且法军的数目要比他想象的多得多，并且出现在他意想之外的地点和方向，这个消息使他非常惊慌。梅拉斯判断法主力会南下都灵，便留下奥特部继续围攻热那亚，自己率主力北进都灵。这时拉纳军正好南下，梅拉斯为自己的“正确判断”庆幸不已，决定停留待敌。不久，传来急报，说法军主力已进占米兰，梅拉斯这才大呼上当，立刻在亚历山大里亚集中兵力，准备迎战法军。

热那亚的马赛军已经危在旦夕，由于得不到支援，现在已经是弹尽粮绝，不得不同奥将奥特谈判，以“率守兵全部，不解除武装”为条件，退出该城。奥特留兵一部据守热那亚，余军向亚历山大里亚挺进。途中又奉命改向皮亚琴察，以确保波河渡口。

6 月 7 日，拉纳和缪拉的部队分别渡过波河，向亚历山大里亚前进。6 月 8 日，占领斯特拉德拉西面的伏赫拉。6 月 9 日，在芒泰贝洛附近，法奥二军展开了长达 9 小时的恶战。拉纳击败了前去占领皮亚琴察渡口的奥特军。

同一天，拿破仑离开米兰。次日，同贝尔蒂埃一起渡过波河，抵达斯特拉德拉。在这里，组织司令部，调整战斗兵力，准备迎接大会战。

这时，狄舍将军从埃及回到了法国，拿破仑得知这个消息之后惊喜万分。他命令狄舍将军速来意大利前线报到。6 月 11 日上午，狄舍将军赶到斯特拉德拉。拿破仑以最和善的态度接见了他。狄舍将军是位能征善战的勇将，尤其是在 1798 年的上尼罗河谷战役中表现极佳。虽然拿破仑对一些战功卓著的将领有些猜忌之心，怕他们怀有野心与自己分庭抗礼，但狄舍将军从未使他不安，他太了解狄舍的才能和品格。狄舍谦逊没有架子，既坚定又和气。心中毫无任何野心和追求政治权力的想法。拿破仑当他是最忠心的人，两人的友情达到了热烈的程度。

6 月 12 日，法军进抵斯克里维亚河，他们并没有遇到奥军，也没有遇到任何抵抗。这时的拿破仑对奥军的真实企图和确切位置一无所知。拿破仑在 6 月 13 日中午将法军的预备队分为两个部分，其中莫尼尔师和拉波普师继续留在原地，充当主力的预备队；狄舍师向南搜索，切断亚历山大里亚至热那亚的道路。

终于在 13 日下午，法军左翼先头部队加尔达师在亚历山大里亚东南 5 公里处的马伦哥附近与奥军相遇，经过 8 小时的激烈战斗，奥军支持不住，丢下了几百名战俘和两门大炮，向亚历山大里亚退却。由于天色已晚，敌情不明，法军停止了前进。

拿破仑在天黑之前赶到了马伦哥。但这时他还不能最后断定梅拉斯的真实意图，他担心奥军会随时向兵力分散的法军发动突然进攻。于是，他命令加尔达立即查明马伦哥西面的博尔米达河上的桥梁情况。没过多久，侦察兵回来报告说：博尔米达河上只有一座桥梁，而且已被奥军彻底破坏。这一情报使拿破仑坚定了先前的判断，认为梅拉斯已经彻底放弃北渡波河决战的企图，准备向南撤往热那亚。因此，不待各军集中靠近，便下令就地宿营，维克托军团孤立地驻扎在马伦哥村。

这天夜里，马伦哥平原上死一般地寂静，这使拿破仑产生

决战马伦哥

了一个错觉，以为梅拉斯已经溜之大吉了。于是，他在14日清晨命担任预备队的拉波普师渡过波河，向瓦伦察方向搜索，以阻止奥军逃窜；同时又派人通知狄舍，令他继续南进，查明奥军去向。然而，就在这个时候，一场酝酿成熟的大战突然爆发了，拿破仑万万没有想到由于自己的判断错误，差点导致法军彻底失败。

6月14日上午9时，驻在亚历山大里亚的奥军倾巢出动，像潮水般地涌过了博尔米达河。河上的桥梁不仅没有破坏，而且又出现了两座新浮桥。三路奥军并驾齐驱，锐不可当，直扑法军阵地，很快把法军前卫逼退到马伦哥。马伦哥的维克托军团9000人受到奥军31000人、100门炮的猛烈攻击，情况万分危急。拿破仑从激烈的炮声中得知奥军发起了进攻，大吃一惊，他下令维克托死守马伦哥，同时派克勒曼的重骑兵旅和拉纳军团从左右两翼赴援马伦哥。他还急令已经南下的狄舍师迅速回援。

维克托军团凭借博尔米达河支流顽强抗击着奥军优势兵力的猛烈进攻，暂时阻挡住奥军的前进。拉纳的先头部队抵达右翼，受到奥特部的攻击，陷入苦战。左翼的克勒曼重骑兵旅经过一番激战，挡住了奥骑兵的攻击。上午10时，奥军再次倾全力展开进攻，法军力不能挡，节节败退。11时，拿破仑亲赴战场，见情况危急，当即派他的800名骑兵卫队前去支援拉纳，自己则率半个旅亲自参加右翼战斗。同时，他还将唯一可供使用的预备队投入了战斗。

奥军主将梅拉斯虽年迈70，但毫不示弱。他亲临战场，所乘战马连续两匹被炮弹击毙，仍挥军猛击，终于攻下了马伦哥。法军虽然有四次反击，并且一度夺回阵地，但因寡不敌众，最后忍痛放弃马伦哥。下午2时，维克托军团溃散，拉纳军团亦作有秩序撤退，平原上布满了法军的尸体。整个部队一片混乱，许多人恐慌地呼喊：一切全失败了。

面对败局，拿破仑极为镇定，他坚信战斗远未结束，如果狄舍的部队能火速返回马伦哥，法军仍有获胜希望。他抱着这种信念，一再强调必须坚持下去，任何人不得继续后退。溃败的法军与奥军的追击部队苦苦地战斗着。下午5时，正当法军接近崩溃的时刻，狄舍将军率领他的部队赶到了。拿破仑大喜，他在马背上与贝尔蒂埃、狄舍匆匆会商了一番，决定由退却转为攻击。

法军的反击开始了。狄舍将带来的13门炮和剩余的5门炮集中在一起，朝敌人猛烈轰击。奥军没料到溃败的法军还有这样一手，顿时队形大乱。狄舍乘此时机，率领隐蔽在山后的法军猛扑过去，犹如一股势不可挡的洪流，奥军大惊失色，纷纷逃散。狄舍将军，这位有胆有识的猛将冲在最前面，突然一颗子弹飞来，正中狄舍的心房，这位勇将当场阵亡。长官之死，激起了法军的愤怒，法军冲击更加猛烈，炮火更加密集，克勒曼将军的800名重骑兵也勇敢地冲向敌军的左翼和中央。不到半个小时，奥军便由一支神气十足的胜利之师变为狼狈逃窜的乌合之众，他们有的被霰弹击中，当场毙命；有的被马刀砍倒，血肉横飞；更多的则是成批成批地跪在地上，举手投降。奥军这个突然的失败，马上导致全线溃退，他们被迫放弃了马伦哥，继而涌向博尔米达河，争相逃命。法军抓住战机，一鼓作气，把奥军赶过河去。直到夜幕降临，法军才停止追击。

马伦哥一战，法军反败为胜，可付出的代价是高昂的，法军伤亡约6000人。拿破仑在这个平生最大的凯旋之一的晚上，愁眉不展，他对狄舍将军的阵亡感到深切地悲痛，他含泪说道：“法国刚刚失去了一位最优秀的卫士，我失去了一位最好的朋友，谁也不理解狄舍那可贵的心地和天才的思想。如果今天能拥抱狄舍，那该有多好啊!”

6 月 15 日上午，梅拉斯见大势已去，派出使节向拿破仑求和。双方在亚历山大里亚达成协议：奥军退到名乔河以东地区，河西地区包括堡垒等一切军事设施全部让与法军。双方还同意在名乔河以西地区设立一个非军事地带以隔开法奥两国兵力，双方停止敌对行动直到签订和约为止。梅拉斯的残余部队平安地撤到了曼图亚的后方。

1800 年 7 月 2 日凌晨 2 时，拿破仑一行抵达巴黎。天亮以后，第一执政凯旋的消息传遍首都，全体市民涌上大街，争相看一眼法兰西的救星和意大利的解放者。巴黎人民一致认为马伦哥战役的胜利不仅是法兰西共和国对欧洲反法联盟的胜利，而且也是新政权对保王党人的胜利。法兰西人民对以拿破仑为首的新政权充满了美好的希望。

终身执政

马伦哥之战胜利之后，由于大部分的国家经费都被拿破仑用在了战争上面，国库空虚，财政紧缺，保王党更是像挥不去的幽灵一样在法兰西到处游荡，伺机而动，准备随时给拿破仑一击。拿破仑决定向欧洲各国抛去和平的橄榄枝，与俄国、奥地利甚至法国的宿敌英国建立了联盟。胜利与和平让拿破仑成为了法国的英雄，他成为了法国幸福的缔造者。但是，拿破仑的野心还在膨胀，第一执政的称呼已经满足不了拿破仑了，拥有至高无上的权力——终身执政成为了他新的追求目标。

终身执政

可是一开始，拿破仑的这一愿望并没有得到法兰西的同意。法国对恢复和平与繁荣的拿破仑是充满感激的，元老院决定给予他一个象征全国性的纪念，但是应该采取什么样的形式，元老院含糊其辞。按照法国惯例，一般是树立一个纪念碑或者是一座雕像。但是拿破仑对纪念碑已经提不起任何的兴趣，因为全国都立满了颂扬他的凯旋门。于是，元老院大多数议员提出了将拿破仑的执政期延长一届即 10 年的建议。

然而拿破仑并没有满足，他对参议院提出终身执政的要求。1802 年 5 月 10 日，法国议会顺应了拿破仑的愿望，决定将下述问题提交人民决定："是否任命第一执政为终身执政？他能否有权指派继承人？"布告张贴在巴黎城内，人们驻足观看。许多人读过以后，发自内心地说道："法兰西现在和将来能够献给执政官的一切，永远低于他为法兰西所做的一切。”

5 月 12 日，选举活动开始。警察局秘书处、每个市政厅、每个法院书记室都摆上了两个登记簿。赞成拿破仑为终身执政的在一个簿上签名，反对的则在另一个簿上签名。警方人员混杂在选民当中，精心地搜集着选民的反应。可是，警探所听到的每一句话都是赞扬执政官的。

选举在兴高采烈的气氛中进行，反对者寥寥无几。最终选举结果不言而喻，但巴黎市民还是怀着某种激动的心情等待公布最后结果。2 个月后，统计结果出来了，3568885 名法兰西公民赞成拿破仑荣任终身执政官，反对者仅 8374 人。但是在这次公决中，吕西安和拿破仑的密友制造了法国历史上最大的作弊事件，他们将数百万张反对票剔除。在反对拿破仑成为终身执政的人员中，有许多备受法国人尊敬、效忠共和政体的人物，包括卡尔诺、马塞纳、莫罗都投下了反对票，但那也无济于事了。人们沉浸在无比兴奋中，似乎法兰西命运会由此永恒地确定下来。

1802 年 8 月 1 日，元老院决议案宣布拿破仑为法兰西终身执政，拿破仑终于将终身执政的荣耀紧紧地握在手中，两天后他颁布了《共和十年宪法》。

不久，拿破仑又向审议各种新法典的委员会表示赞成罗马法关于过继的规定，他说这样选定的嗣子比亲生儿子还要亲。人们十分清楚拿破仑是想过继一个他兄弟的儿子作嗣子，因为约瑟芬已无法为他生儿育女。1802 年 8 月 4 日，保守的参议院以一项简单法令授权他用遗嘱证书的方式指定执政一职的继承人。现在连感觉最迟钝的人都已看清第一执政已大权在握，恢复帝制是迟早的事了。

这两项参议院法令公布之后，一些有利害关系的谋士纷纷聚集到第一执政的周围，提出应恢复古代的各种称号，说这比共和国的各种形式更能同人民托付给他的新权力相配。然而，老练的拿破仑认为心急吃不了热豆腐，一切得等待时机。他对布里昂说："到时候一切自会来的。不过，布里昂，你要明白我必须首先采用尊号，这样，我要授给的其他称号就自然有了来源。最大的困难已经克服，无须再瞒骗什么人。人人都看得明明白白，终身执政同帝位之间只有一步之差。但是，我们必须多加小心，保民院有些爱找麻烦的家伙，但是我会提防他们的。"

拿破仑要当皇帝的念头引起了一个女人的严重不安，那就是拿破仑夫人——约瑟芬。约瑟芬清楚地知道自己再也不能生儿育女了，一旦拿破仑成了法国的皇帝，皇帝难道不应赋予自己的臣民一个属于自己血统的继承人吗？为了有自己血统的继承人，皇帝难道不会同自己离婚吗？"离婚"两字始终像噩梦一样萦绕着她。她从拿破仑的沉默寡言和他所流露的表情中，感觉到大祸即将临头。拿破仑时而闷闷不乐，默默无语，似乎在疏远她；时而又像往昔那样激情洋溢，温柔体贴，把她紧紧地抱在怀里，对她说："我可怜的约瑟芬，我永远也无法与你分离。"如今的约瑟芬就好像是被允许在屠刀下苟延残喘的囚犯，随时都会得到一张死刑判决书。

第六篇　称霸欧洲

人一生一世，不给人间留点痕迹，不如不出生。

——拿破仑

加冕称帝

自从拿破仑担任终身执政以来，他就一直在思考一个问题——如何成为皇帝。

但是拿破仑预想的五六年的时间比实际时间要长得多，因为他是那样地迫不及待。拿破仑曾经几次召见富歇，并不时有意暗示自己要做皇帝。善于察言观色的富歇开始向元老院呼吁建立世袭政权，并宣称这是结束刺客们刺杀拿破仑唯一的办法。在他的鼓吹之下，要求建立世袭统治的呼吁书和请愿书，从全国各地如雪花一样飞来。元老院也提出了拿破仑登基做皇帝的议案，并对拿破仑的野心加以粉饰，并说这是人民的呼声，这样做有利于法国和平安定的局面。

1804年4月30日，议员居雷向保民院提出议案，要把执政制共和国转变为帝国，拿破仑晋升至皇帝尊号，拥有世袭权力。保民院通过了这项提案。5月3日，参议院议长康巴塞雷斯率全体议员前往杜伊勒里宫，向拿破仑宣读请愿书，恳请拿破仑巩固自己的事业，把终身执政之职变为世袭皇帝。面对这种情况，拿破仑喜上眉梢，但他还是决定走一下民主投票的程序。

法国人民以压倒优势的多数拥护拿破仑为自己的皇帝。5月18日，参议院正式批准“法兰西共和国把全权委托给一个皇帝，他的称号是法兰西人的皇帝”。康巴塞雷斯率全体议员在胸甲骑兵的护送下，来到圣克鲁宫，向拿破仑表示祝贺。

不久，拿破仑便从布伦军营前往比利时，在拉肯城堡同约瑟芬皇后相会。然后，拿破仑继续沿莱茵河畔的城镇旅行。这次旅行的一个重要目的就是试图与教廷谈判，劝诱教皇前来法国为他加冕。他要以教会的批准和支持来巩固波拿巴王朝。现在他想要罗马教皇亲自参加他即将举行的加冕典礼，像一千年以前查理大帝那样。不过，拿破仑不是简单地效仿，他要做些修改：查理大帝是自己到罗马教皇那里去加冕的，而他则要罗马教皇到巴黎来为他加冕。

教皇庇护七世得知拿破仑这一想法后，极为惊恐和气愤。然而，去巴黎是不可能拒绝的，因为罗马处在意大利北部和中部的拿破仑军队的威胁之下。经过短时间的考虑之后，教皇决定满足拿破仑的要求。

1804年11月2日，教皇一行从罗马出发前往巴黎。11月25日，教皇一行经过奈姆斯城，受到奈姆斯城人的热情欢迎。第二天清晨，礼炮轰鸣，锣鼓咚咚，教皇在一片欢呼声中登上了马拉的轿车，向枫丹白露方向驶去。半个小时过后，四下雾气朦胧，夹杂着阴冷的雨水，车子奔进一片树林。经过布龙村时，欢迎的人群列队站在大道两旁，高呼：“庇护七世万岁!”“拿破仑一世万岁!”

加冕之后的拿破仑

教皇的车子慢慢的驶过来，教皇看到一个身材矮小的人端坐在一匹威武的马上，神情自若，他的周围有许多卫士，教皇知道，这个人就是拿破仑。教皇意识到自己必须下车了。可当看到路面泥泞，穿着雪白丝鞋的教皇不免犹豫了片刻，但最终还是让雪白的丝鞋受了委屈。教皇在适当的距离站好后，拿破仑才起身下马，向这个矮个子、黑头发的年迈老人走去，同他拥抱。

这时，停在旁边的御辇突然前进了几步，为了躲避车子，教皇和皇帝下意识地分开，各自向后退了几步，车子正好在两人中间戛然停了下来。瞬息间两扇车门敞开，皇帝纵身从右门跳进车，一名军官示意庇护七世从左门上车。教皇未察觉这是预先的安排，上车后就坐在第二个位子上，直到枫丹白露。

一点半钟左右，车队驶进枫丹白露。教皇立即被人引进皇太后宫。太后宫内虽有许多宽敞华丽的房间，但由于年久失修，已破败不堪。教皇被安排在这里小住，虽心怀不满，但敢怒不敢言。

27日，拿破仑和教皇准备进入巴黎，尽管这次皇帝不得不把右边的座位留给庇护七世，但决定夜间进入巴黎，因此任何排场都免掉了。11月28日，教皇和皇帝的马车在清冷的秋夜里飞快地驶进巴黎。官方报界未做任何透露，唯一采取的措施是命令全体卫队在兵营里持枪待命，不得擅自离开。

12月2日清晨，天刚蒙蒙亮，杜伊勒里宫的人就开始忙活起来了。这一天是拿破仑的正式加冕日，整个宫中充满着节日的气氛。

9点钟，教皇的仪仗离开了杜伊勒里宫。仪仗前列是一头系着饰带的驴子，手持十字架的摄影师骑在驴背上。教皇的轿车由8匹灰色大马拉着，车上放着皇帝赐的镀金青铜三重冠。车队神情庄重地穿过街道。10点钟，教皇一行进入了圣母院，大批观礼者把圣母院挤得水泄不通。庇护七世下车后，进入主教宫，坐在早已为他安排好的座椅上，开始祈祷，等候皇帝的驾到。

2个小时以后，礼炮响了，一辆由黄金装饰的华丽马车在8匹浅栗色的高头大马的牵引下，朝圣母院飞奔而来。车队在教堂前空地停了下来，皇帝的扈从行列开始进入教堂。走在前头的是衣着华丽的一般朝臣，其次是佩带勋章的帝国元帅，随后是皇帝的重臣和高官，最后才是身着盛装的皇帝。皇帝身穿深红色天鹅绒大袍和金搭扣短外套，脚着高帮皮鞋，异常激动地出现在观众面前，刹那间欢呼声直冲云霄。

教皇登上祭台，弥撒开始。隆重的仪式持续了很长时间，拿破仑不知是因为不耐烦，还是因为太疲劳，一个劲地打着呵欠。最后，皇帝和皇后走到祭台前面，跪在跪凳上，教皇过来为他们履行礼仪。教皇正准备将皇冠戴在拿破仑的头上，谁知拿破仑伸手接过皇冠，自己戴在头上。接着，他又拿起一顶小皇冠戴在约瑟芬的头上。瞬息之间一切都办妥了，至高无上的拿破仑心潮澎湃，思绪万千。他扭头对哥哥约瑟夫说："约瑟夫，爸爸要是看见我们今天这个派头，该有多好啊!"

加冕典礼的第二天，在巴黎的部队全部集合在马斯广场上，等待着拿破仑发给他们鹰旗以替代共和国旗帜。在雄伟壮丽的检阅台上，皇帝一身戎装，坐在宝座上。随着一声令下，各路纵队都向宝座靠拢。拿破仑起立，下令分发鹰旗，并向各军团发表了如下演说："士兵们，看看你们的旗帜吧！这些鹰旗永远是你们的集合地点。鹰旗永远在你们的皇帝认为保卫他的宝座和他的子民所必需的地方。誓为保卫鹰旗而牺牲生命吧！誓为能够永远把鹰旗保持在胜利的道路上而鼓起勇气吧!"这番演说之后，军队

拿破仑及皇后加冕典礼

中欢声雷动，士兵们举着枪，向这位新皇帝欢呼着、跳跃着。在场的每个人无不为军队所爆发出的巨大热情而动容，拿破仑更是激动万分。

教皇已经完成了拿破仑所要求的一切，满以为可以得到善意的补偿，他腼腆地提出要求，希望把法国的阿维农和意大利的博劳涅以及费拉尔归还给他，可是拿破仑置若罔闻。1805 年 3 月底，拿破仑告辞了教皇，动身去了意大利。教皇无奈，在皇帝走后一个月也离开了巴黎。

拿破仑加冕纪念金币

在 1804 年，法国还有一件值得庆贺的事就是《拿破仑法典》的正式颁行。《拿破仑法典》系民法、民事诉讼法、商业法、刑法和刑事诉讼法的总称。此法早在 1800 年 8 月就由拿破仑任命的民法起草委员会开始编纂，直到 1803 年才完成，1804 年陆续公布施行。《拿破仑法典》确认了私有财产不可侵犯、法律面前人人平等、男女都有同等继承权等原则，对欧美等国家的立法影响甚大。拿破仑很欣赏这部法典，他在圣赫勒拿岛的回忆中说："我真正的光荣并非打了 40 次胜仗，滑铁卢一战抹去了关于这一切胜利的记忆。但有一样东西是不会被人忘却的，它是永垂不朽的，那就是我的法典。"

为了纪念《拿破仑法典》的正式颁布，立法院决定在议会厅建立一尊拿破仑的白色大理石雕像。塑像揭幕仪式的日子定在拿破仑正式加冕称帝之后。那天，立法议会大厦热闹非凡，各亲王公主、国家机构主要代表、外交使团、元帅大臣们盛装聚集在大厅里，等候着那庄严的时刻。当皇帝、皇后出现在大厅的时候，全场起立，隔壁厅内的合唱团唱起了格吕克的著名歌曲："多么迷人啊！多么雄伟壮丽……"全场欢声雷动，掌声四起。在议长的提议下，缪拉元帅和马塞纳元帅揭去覆盖在雕像上的薄纱，所有人的视线都落在皇帝的雕像上：他头戴桂冠，桂冠上间隔有几片栎树叶和橄榄树叶。一片寂静之后，人群中又爆发一阵阵欢呼声。接着，德沃布朗发表了一篇颂扬备至的演说。他说：

拿破仑宝座

"先生们，你们以表示钦佩和感激的行为来庆祝民《法典》的制定，你们为光辉的君王竖立这尊塑像。君主坚定不移的意志使这部伟大的法典得以臻善，他的无边的智慧向人类体制中这崇高的组成部分投来最明亮的光辉。昔日的第一执政，今日法国人的皇帝，他跻身于法律的圣殿中，头戴这象征胜利的桂冠，无数的胜利预示他必将戴上皇冠，穿上人类最崇高最庄严的皇袍。

无疑，在这庄严的日子里，面对各位亲王和国家要臣，面对帝国指定的这位乐于造福而不负这崇高职位的可敬的人，在我们希望跟全体法国人民同庆荣耀的节日里，请诸位允许我暂时提高纤弱的嗓音，提醒诸位回顾一下拿破仑是以何等不朽的行动为自己开创了这充满实力和光荣的伟大事业的。如果说颂词会腐蚀意志薄弱者的话，那么对伟人们来说，赞语却是他们的食粮。英雄们的丰功伟绩是他们向祖国作下的承诺。回顾这些功绩，就等于告诉他们，人民期待着他们的伟大思想、崇高感情和光荣业绩。人民无限地敬仰他，深深地感激他……”

议长也发表了一篇词藻华丽的颂词。面对这一切，拿破仑欣然接受了，他那爱慕荣誉的心理得到了极大的满足。

背景知识

《拿破仑法典》

拿破仑法典

《拿破仑法典》的立法原则是自由和平原则、所有权原则和契约原则，充分反映了资产阶级革命的成果。《拿破仑法典》的内容除总则以外，共有3编2281条。第一编是人法，是关于个人和亲属法的规定，实际上是关于民事权利主体的规定；第2编是物法，规定了各种财产和所有权及其他物权；第3编是关于取得所有权的各种方法，这一编规定了继承、赠与、遗嘱和夫妻财产制，还规定了债法。这部法典至今仍在使用，但 100 多年来，随着法国社会经济和政治的变化，法典也进行了一百多次的修改。

《拿破仑法典》是资产阶级的第一部民法典，它对后来很多资本主义国家的立法产生了很大影响。例如，卢森堡和比利时至今仍然把它作为自己的法典使用，一些法国的前殖民地也在使用这部法典。同时，很多国家在制定本国的民法典时是以这部法典为蓝本或是作参考。如丹麦和希腊的民法典就是以它为蓝本制定的，而德国、瑞士、葡萄牙、巴西等国的民法典明显受到了《拿破仑法典》的影响。

乌尔姆之战

成为皇帝的拿破仑心情很好，当他躺在床上的时候，他总是在想，他不仅应该是法国的国王，他还要成为那些他主宰国家的皇帝。于是，1805 年，拿破仑来到米兰，从米兰大教主的双手接过意大利国王的王冠。米兰为拿破仑的加冕举行了盛大的庆祝活动，可是庆祝活动并没有留住拿破仑，因为此时，拿破仑得知第三次反法同盟已经成立，而且已经在波罗的海海域布置了海军舰队，他的宝座随时都可能被他们掀掉。拿破仑决定出征，挫反法同盟的计划。

为了确保军事上的胜利，拿破仑首先在外交上采取了一系列的措施。8 月 24 日，他派宫廷大总管杜洛克将军前往柏林，同普鲁士国王签订了一项密约，普鲁士保证在未来的战役中持中立态度。作为交换条件，法国愿意割让汉诺威。拿破仑又分别给巴伐利亚、巴登、符登堡三个选侯写私函，要求他们同法国结成同盟，这些小诸侯在战战兢兢中勉强接受了拿破仑的要求。于是，拿破仑获得了利用他们领土作为战场的权力，并且也为自己的军队获得了 40000 人的增援。

外交基础打好了之后，拿破仑立即命令布伦的军队从英吉利海峡岸边出发，穿过整个法国，开往巴伐利亚。不到 3 个星期，这支庞大的军队魔术般地从英吉利海峡开到了多瑙河。

9 月 3 日，拿破仑离开布伦军营，返回马尔梅松堡。次日，他在圣克鲁宫召见全体大臣。9 月 26 日，抵达斯特拉斯堡。在这里，他得悉奥军阵地情况。当时，奥地利在意大利部署了查理大公率领的 97000 大军，防守着阿迪杰河一带；在莱茵河一线则有麦克指挥的 60000 兵力；10 万俄军正在通过波兰和摩拉维亚增援奥军。奥地利的计划是由查理大公的军队对付拿破仑的意大利军团，由麦克指挥的奥军沿着多瑙河前进，阻止法军，并会同 10 万俄军侵入法国本土。拿破仑得知这些情况后非常高兴，因为他的军队正好处于奥军与俄军之间，既能切断奥军的主要交通线，又能隔绝奥军与正在前进中的俄军之间的联系。他对身边的将领说："麦克的战役计划已经决定了，考当——福克斯就在乌尔姆。"他预言胜利正在维也纳向他招手。

战斗于 10 月 2 日打响。6 日和 7 日，法军渡过多瑙河包抄了敌军的侧翼。8 日，缪拉在多瑙河上的韦尔廷根一战中俘获奥军2000名，败北的奥军退向京次堡，法军乘胜追击，在京次堡再次大败奥军。10 日，法军进入奥格斯堡。12 日，进入慕尼黑。13 日，苏尔特率军攻打梅明根，击败奥将施潘根堡。至此，整个大军已稳固地横跨在奥军交通线上，取得了这次战役的主动权。

现在麦克率领的50000人被困在乌尔姆附近，法国大军就像大章鱼的触须一样不断地向他包围。这时，由于缪拉未能严格执行拿破仑的命令，致使乌尔姆东北留下一块空隙。被困的麦克正准备从此处突围，一位谋士出来规劝道：应当固守阵地，拿破仑很快就会撤回，因为巴黎发生了反对拿破仑的起义。麦克不相信，这位谋士向他出示了一张载有巴黎发生革命的报纸，麦克这才下定决心坚守乌尔姆。可他万万没想到这位谋士正是拿破仑派进奥军内部的间谍，那张报纸也是法军军营中的印刷机临时赶印出来的。

10月14日，内伊和拉纳元帅夺占了乌尔姆周围的高地，麦克大军陷入绝境。麦克恐惧了，他派莫里斯亲王前来谈判。按照常规，莫里斯亲王被蒙上眼睛带进法国大本营。当法军解开他的蒙眼布时，他发现自己面谒的是拿破仑，不由得惊呼起来，他做梦也没想到拿破仑已亲临乌尔姆城下。莫里斯亲王提出议降，条件是准许乌尔姆守军撤回奥地利。拿破仑对这项要求极为不满，他对莫里斯亲王说："如果我允许你们走出去，谁向我担保你们将不会与俄军会师，然后再与我作战。"拿破仑那坚定的口吻让人感觉到毫无商量余地，莫里斯亲王无奈，只好回去向麦克汇报。就在这一天，麦克致书拿破仑，表示愿意接受他的条款。

麦克带领着出降的队伍恭恭敬敬地朝拿破仑鞠躬，他们面色忧郁，默不作声。拿破仑见状，首先打破沉默，说道："诸位先生，我很过意不去，像你们曾经表现过的这么英勇的人，竟成了一个政府的愚蠢行为的牺牲者，这个政府怀抱不理智的意图，不惜危害奥地利国家的尊严并愚弄其将领为其效劳。你们的大名是我素知的，你们作战之处都留下过你们的荣誉。看看害苦了你们的那些人的行为吧。不宣而战进攻我，还能有比这更不公正的事吗？因此而招致外国的侵入难道是不公正吗？把亚洲的蛮子引入欧洲各国间的争端难道不是对欧洲的背叛吗？如果帝国枢密院恪守信义，就不会进攻我，而是同我结盟来迫使俄国退回北方去。目前的同盟是对付羊群的狗、牧人和狼，这样的计谋不可能是政治家设想出来的。你们幸运的是我战胜了。如果我战败了，维也纳政府很快就会察觉其错误而感到后悔了。"拿破仑说这番话时脸庞镇静而严肃，但他的眼神不由自主地流露出内心的兴奋和激动。

普鲁士在乌尔姆战役中投降

在乌尔姆战役中，法军缴获了60门大炮，40面军旗。法军以500人阵亡和1000人受伤的损失攻克了多瑙河边的军事重镇，并获得了大量的食物和弹药，取得了巨大的胜利。乌尔姆战役的胜利，从某种意义上来说，是靠迅速行军赢得的。乌尔姆之战后，拿破仑高兴地说，“这次胜利是靠士兵的双腿，而不是靠刺刀赢得的。”法军的士兵在这次战役之后也说：“我们的皇帝创造了新的战争艺术，不用武器，而是用我们的双腿来作战。”

奥斯特里茨战役

在拿破仑向普鲁士频频伸出橄榄枝、并答应将汉诺威赠送给普鲁士的同时，俄皇亚历山大一世也在极力拉拢普鲁士国王弗里德里希·威廉三世，怂恿他加入第三次反法联盟。普王为拿破仑的许诺所吸引，拒绝了俄皇的要求。

奥斯特里茨古战场今景

可就在这时，从普鲁士南部传来消息说，从汉诺威向乌尔姆开进的法军第一军，为了争取时间到达预定战场，竟然在没有得到普鲁士允许的情况下，强行通过普鲁士的领地安斯巴赫。威廉三世听到这一消息后，顿时怒火冲天，他对拿破仑这种随意践踏别国主权的行为极为愤慨。尽管第一军军长贝尔纳多特遵照拿破仑的命令对普鲁士提出许多有利保证，并作出种种友好的表示，但仍不能使普鲁士国王平息怒火。作为报复，威廉三世又回过头来向沙俄靠拢，他邀请亚历山大一世前来柏林会谈。经过一系列的会谈之后，威廉三世站到反法联盟的一边，与俄、奥签订波茨坦条约。根据此条约，普鲁士愿以武力为后盾进行调停，如果调停失败，普军再从西部发动对法军的进攻。条约签订后，亚历山大一世离开柏林，直赴奥地利战场，普鲁士则准备向拿破仑提出最后通牒，限法军在一个月内撤出奥地利国境，否则，普鲁士将对法宣战。

密切注视着柏林动向的拿破仑立即探知了这些情报，他意识到形势的严峻性，若是普军向法军宣战，法军将受到俄奥普三军的围攻，要想取得胜利，必将付出更高的代价。拿破仑当机立断，力求赶在普鲁士参战前尽快抢占维也纳，切断在因河一线的俄军退路，在查理大公率领奥军回到奥地利之前，把这支俄军包围并消灭在多瑙河以南地区。

正当拿破仑部署军队准备围攻俄军时，俄军统帅库图佐夫似乎已觉察了拿破仑的意图，在法军还来不及展开行动之前，他极为明智地指挥俄军迅速撤离因河防线，在克雷姆斯渡过多瑙河，向北实行退却。俄军撤退时，几乎炸毁了多瑙河上所有的桥梁，以阻止法军的追击。

俄军北撤以后，拿破仑命缪拉迅速追击北撤的俄军，以便将其紧紧拖住，并予以歼灭。可缪拉却被眼前的维也纳城吸引住了，为了获得首先进入维也纳的荣誉，他不顾拿破仑的命令，不去追击俄军，而是率部向东，急着抢占维也纳城。

拿破仑得知这一消息后，怒不可遏，立即给缪拉写了一封措辞严厉的信，大骂他鲁莽得像个疯子，他说："俄国人没有固守维也纳，而在克雷姆斯渡过了多瑙河。你既不知道敌军的计划，又不考虑我的意图，你将使我的军队困在维也纳……只有在充满危险的地方才能获得荣誉，进入一座没有设防的空城，没有什么荣誉可言。"由于缪拉的擅自行动，使得法军在追击俄军的过程中损失了两天极宝贵的时间。

11 月 14 日，拿破仑到达维也纳，住在富丽堂皇的肖恩布鲁恩宫。弗兰西斯皇帝带着皇室成员，仓皇地向北逃去。拿破仑在这里重新调整了部署，他命令骑兵和第四、第五军一刻也不停留，立即从维也纳出发，北渡多瑙河追击俄军。

维也纳位于多瑙河南岸，要想北渡多瑙河追击俄军，其首要任务是尽快抢占维也纳城北的那座大桥。当时负责防守此桥的是奥斯贝尔公爵，奥军在撤离维也纳时曾命令他：一见法军出现，就将此桥炸毁。缪拉在前次作战中的行为曾使拿破仑大为不满，这次，他要凭着自己的聪明才智来完成抢占维也纳大桥的任务，以挽回拿破仑对自己的印象。

缪拉事先巧妙地将一个掷弹兵营隐藏在大桥南端的一片灌木林中，然后同拉纳、苏尔特军长一起大摇大摆地走上桥头。他们从容不迫地推倒桥上的木板路障。桥上的奥军惊慌失措，正准备点燃已经放置好了的炸药，缪拉大声喊道："不要开枪！我们两国已达成休战协议，我们是来同守桥长官进行具体谈判的。"奥斯贝尔公爵闻讯出来，缪拉又将此话重述了一遍，奥斯贝尔公爵被这突如其来的举动弄得丈二和尚摸不着头脑，正在诧异之际，预先埋伏的法军突然地从灌木林中跃出，迅速冲过大桥，以迅雷不及掩耳之势闯入奥军阵地。一分钟后，法军占领了桥梁，为炸桥准备的炸药全被推入河中，守桥的奥军也都成了俘虏。

维也纳大桥的丢失完全出乎库图佐夫的预料，法军很快开到了多瑙河北岸。俄军简直难以理解维也纳大桥被占的经过，他们气愤地指责奥军私下与拿破仑订立了密约。现在俄军随时都可能被追上来的法军包围，库图佐夫决定留下几支决死的后卫部队作掩护，主力部队加速退却。

在追击俄军的过程中，骑兵军长缪拉再次违背了拿破仑的意图，并且又犯了一个严重的错误。法国的骑兵军在追到摩拉维亚西南 20 多公里处，遇到了俄军后卫的顽强阻击。缪拉忽然想到自己一军单独冒进，恐周围态势对己不利，于是，他自作主张地向俄军后卫指挥官提出暂时休战的建议，并允许俄军自由地向北撤退。俄军非常痛快地同意了缪拉的建议，并安全地自动撤走了。对于缪拉的愚蠢行为，拿破仑大为恼怒，他写信责骂道："我简直找不出话来表示我对你的不愉快。你只是我的一个前卫指挥官，没有我的命令根本无权作休战的安排；你葬送了我的胜利。立即停止休战，向敌军前进。告诉那位在这一协定上签字的俄国将军，说他也无权这样做，只有沙皇才有这样做的权力。"

由于缪拉接二连三违背拿破仑的作战意图，俄军赢得了宝贵的撤退时间，终于摆脱了拿破仑的追兵，退到了奥洛穆茨。与此同时，从俄国本土开来的另一支俄军，在沙皇亚历山大一世的亲自监督下，也赶到了此地。从维也纳逃跑出来的奥皇弗兰西斯也随撤退的奥军到达了该城。这样，到 11 月下旬，俄奥联军停止了撤退，在奥洛穆茨附近占领了有利于防守的阵地。

这时，俄奥联军司令部出现了意见分歧。俄奥两国联军司令部对于究竟是迎战拿破仑还是继续撤退发生了争吵。以联军总司令库图佐夫为首的大部分将领认为，在奥洛穆茨的90000联军远不是拿破仑100000大军的对手，俄军必须继续撤退，等待时机，拖延战局。等到普军投入战争之后，再以压倒优势，向法军发起猛烈进攻。可库图佐夫的建议遭到亚历山大皇帝的坚决反对。在他看来，他有着这么庞大的军队，还要在这个贫穷多山的国家藏匿一个月，躲避拿破仑，实在是太可耻了。他认为法军长途跋涉，接连作战，已是强弩之末，再加上普军参战已确定无疑，联军必须趁这个机会迅速与拿破仑进行大会战。

俄国沙皇亚历山大一世

亚历山大的主张传进拿破仑的耳中，实际上他最害怕俄军撤走和拖延战局，因为他得知普鲁士的使者豪格维茨正带着最后通牒来见他，他必须在普军参战前了结这场战争。为了促使亚历山大这个主战派得到支持，他决定要一个小小的把戏。

拿破仑像演员一样，竭力把自己装扮成一个惊慌失措、软弱无能、尤其害怕作战的人。他命令前哨开始撤退，并派自己的侍从武官萨瓦里去见亚历山大，建议休战媾和，并特别要求俄皇与自己进行单独会晤。拿破仑的举动使得俄军司令部充满了欢呼声：拿破仑胆怯了！拿破仑的军队被打得精疲力尽，要完蛋了！必须趁此机会击败法军，不能放过拿破仑！

库图佐夫的建议被彻底否决。亚历山大根据拿破仑的一贯作风，认为拿破仑在不到万不得已时是不会这样低声下气来俯就于人的。因此，他冷冷地拒绝了拿破仑关于进行个人会晤的要求，只派了自己的侍卫长道戈路柯夫公爵前往法军大本营进行象征性的谈判。这位公爵在拿破仑面前举止极为傲慢，态度十分强硬，而拿破仑则继续天才地表演着这出喜剧。他装出一副不安和忧伤的样子，表演得恰到好处。在会见的最后时刻，他吞吞吐吐地拒绝了俄方提出的让他放弃意大利的条件。这个拒绝不仅没有削弱有关拿破仑信心不足和胆怯的形象，反而更使得这幕喜剧带有几分真实性。

道戈路柯夫兴奋地报告了他对拿破仑的印象，俄奥联军立即作出决定：向正在退却的惊慌失措的拿破仑进攻，把他彻底击垮。联军认为陷入困境的拿破仑正急于退回维也纳，因而决定钉住法军的左翼，而联军主力则向西南进到利塔瓦河谷，迂回到拿破仑的右翼，切断它同维也纳的交通线，并把它压缩到山谷中加以歼灭。12 月 1 日联军到达战场，迅速占领了普拉岑高地，并作好了全面进攻的准备。拿破仑日夜盼望的战机终于来到了。

这一天，正好是拿破仑加冕周年的前夜，士兵们用铺草做成火把在空中摇晃，围在拿破仑身边欢呼着，跳跃着，“拿破仑万岁！大军万岁！帝国万岁”的呼喊声响彻夜空。

法军的欢呼和火把惊动了远处的联军，他们认为这是法军掩护撤退的一种伪装。拿破仑将计就计，他率领军队沿着摩拉维亚

奥斯特里茨战役

被雨水冲刷的泥泞道路，毫不停顿地忽而前进，忽而后退，还故意放弃普拉岑高地，将自己左翼暴露在敌人面前，向山谷退却，诱使敌人实行迂回，以便在运动中攻击其侧背。拿破仑以少数兵力利用河川进行防御，主力迂回并集结在般托维茨至波省立兹之间的地区。

1802年12月2日，拿破仑战争史上一次最著名的、最辉煌的战役打响了。俄奥法三国皇帝展开了一场血腥大会战。这日拂晓前，俄奥联军分成6路纵队开始进攻。联军北面两个纵队由巴格拉吉昂和利赫特尔斯登指挥，他们横越布尔诺——奥斯特里茨大道攻击由拉纳和贝尔纳多特所防守的北段，君士坦丁堡大公指挥的俄国近卫军则作为预备队跟在两支俄军后面。中央方面，科洛华特指挥的奥军25000人攻击在柯贝尼茨的苏尔特军。联军攻击的主力则在普拉岑高地以南，共有3个纵队，33000人，由俄将布克斯盖弗登指挥，指向在戈尔德巴赫河南段的苏尔特，并攻占了索科尔尼兹和狄尔尼兹。

拿破仑从指挥所里看到普拉岑高地几乎已无俄军防守，他立刻意识到敌人犯了放弃中央高地的严重错误。他命令两个师前去占领高地，这两个师不费吹灰之力便完成了任务，从而将敌人切成两段。科洛华特纵队在行军中受到侧面攻击，秩序大乱，四下溃逃。俄国皇帝、总司令库图佐夫以及司令部正是跟在这支纵队之后，因而失去了对联军的控制。

在北段，拉纳成功地击退了巴格拉吉昂的攻击。当苏尔特完全控制高地之后，拿破仑令其左翼向俄军发起全面进攻。俄军作战十分英勇，对法军发起一次又一次冲锋，但最终还是败下阵来。

在南段，布克斯盖弗登受到苏尔特和达武西支兵力的夹击。面对法军大炮的猛烈轰击，联军很快就被压缩到狄尔尼兹和察特卡尼之间半结冰的湖泊上。湖泊的冰块被法军炮火击碎，敌军整团整团地掉在湖里淹死了，有的则被法军的霰弹击毙，其余的则当了俘虏。

火枪骑兵高举缴获的俄军军旗

奥皇和俄皇眼见全军覆没，慌忙逃窜。他们的侍从人员只顾自己逃命，把两位皇帝丢在路上。两位皇帝只好骑着马各奔一方了。

短暂的冬日已近黄昏，明亮的太阳已经下山，亚历山大和弗兰西斯在昏暗中逃脱了法军的追捕。亚历山大像得了疟疾一样全身发抖，他已经不能控制自己，哭了起来。库图佐夫在激战中负了伤，差点成了法军的俘虏。

12 月 4 日奥皇提出休战，拿破仑当即同意，条件是要求所有的俄军撤出奥地利，退回波兰。12 月 5 日，俄军开始撤退。12 月 6 日，法奥签订停战协定。12 月 26 日，法奥在普莱斯堡签订和约。根据和约，奥地利承认法国对皮埃蒙特、热那亚、巴马等意大利地区的占领；承认拿破仑为意大利国王，并把威尼斯、伊斯特利亚、达尔马提亚交给意大利王国；承认巴伐利亚和符登堡为王国，巴登为公国。普莱斯堡和约结束了第三次反法联盟。

这次会战因欧洲三个大国的皇帝全部亲临战场，因此又被称为“三皇会战”，会战以法兰西皇帝的大获全胜告终。奥斯特里茨会战是拿破仑一生取得的最辉煌的一次军事胜利，为他赢得了“欧洲第一名将”的巨大声誉，拿破仑帝国进入了全盛时期。

恩格斯曾经评价道：“奥斯特里茨被公正的认为是拿破仑最伟大的胜利之一，它最为有力地证明了拿破仑无与伦比的军事天才。因为，尽管指挥失误无疑是盟国失败的首要原因，但是他用以发现同盟国过失的洞察力、等待过失形成的忍耐力、实施歼灭性打击的决断能力和迅速摆脱失败困境的应变能力，这一切用任何赞美之词来形容都不为过。奥斯特里茨一战是战略上的奇迹，只要还有战争存在，他就不会被忘记。”

耶拿之战

1806年1月26日，拿破仑离开维也纳回到巴黎，受到无数狂欢民众的欢迎。几天后，一个令人兴奋的消息传来：拿破仑的死敌、英国首相威廉·皮特去世，格兰维尔继任为英国首相，他任命了同情法国大革命的福克斯为外交大臣。福克斯一贯反对皮特的对外政策，他真诚希望法国和英国能和平相处。于是，福克斯派亚尔默思勋爵去巴黎进行和谈。

拿破仑向亚尔默思勋爵表示：如果英国在他的条件下签订和约，他愿把汉诺威还给英王。消息传到普鲁士，整个宫廷大为震怒。汉诺威是普鲁士用了两个侯国与法国换来的，只是由于英国因此要对普宣战，才让拿破仑的军队继续驻扎该地。如今拿破仑背信弃义要将汉诺威作为与英国和谈的筹码，普鲁士政府感到自己受了极大的欺骗。

这时，拿破仑为了巩固自己对德意志西部和中部部分地区的统治，决定建立莱茵同盟。这件事更是给在气头上的普鲁士人火上浇油。1806年7月12日，德意志各国君主根据拿破仑的命令在巴黎签订了相应的条约，包括巴伐利亚、符登堡、巴登等16个西部和南部的德意志国家的莱茵同盟正式形成。这个同盟选举拿破仑为自己的保护人。为了对皇帝的“保护”表示感谢，同盟有义务在发生战争的情况下为拿破仑提供88400名士兵。莱茵同盟形成后，使许多以前服从奥地利哈布斯堡王朝皇帝们的独立小国，现在都要受到莱茵同盟各国君主的管辖，他们的领土也都划入莱茵同盟各国。整整存在了1000年的“神圣罗马帝国”名存实亡。

为了更完全地控制处于欧洲枢纽位置的德意志各大公国，拿破仑开始在被占领地区给身边的高官重臣、兄弟亲戚封王封爵。缪拉元帅为克累弗和贝格大公爵，贝尔蒂埃为纳夏泰尔大公，路易·波拿巴为荷兰国王，塔列兰为贝涅维特大公，贝尔纳多特为本特·科尔诺大公，康巴塞雷斯为巴马公爵，勒布伦为皮亚琴察公爵，这些人是拿破仑在这些地区的全权代理人。

莱茵同盟的成立及占领区各重要官员的任命使得普鲁士极为不安。普鲁士看到拿破仑的权力已深入到德意志的心脏，直接威胁着普鲁士的领土完整，反法情绪日益高涨。1806年4月8日，普鲁士向法国发出最后通牒，要求法军立刻从德意志土地上撤出。拿破仑对普鲁士的警告根本不予理睬，甚至向普鲁士发出挑衅。6月，拿破仑公开向立法院宣布，法国有45万军队，而且有足够的经费来维持，不用借贷，也不会发生赤字。同时，他将20万军队集中到莱茵河两岸的阿尔萨斯、洛林和莱茵同盟各国。拿破仑的所作所为激起了普鲁士主战派的狂热情绪，他们咒骂国王是胆小鬼，不敢去碰一碰科西嘉岛的小矮子，同时谴责主和派首领豪格维茨是祖国的叛徒。

7月6日，俄国外交官乌布里以谈判的名义来到巴黎，探听英法之间的和平究竟有多大可能。两个星期后，塔列兰与乌布里签订了法俄和约的初约。不过，俄皇亚历山大并不急于批准这项和约，他要看法国与亚尔默思勋爵谈判的结果如何。

英法两国在谈判桌上讨价还价，互不相让。这时传来一个意外的消息：英国外交大臣福克斯去世了。随着福克斯这位英国唯一竭力主张与法国议和的外交大臣的去世，英法和谈无果而终，英法和平已经无望。看到了这一情况，俄皇拒绝批准法俄和约。

普鲁士与沙俄之间一直在暗中往来，沙俄与法国媾和失败，普俄两国就同法国作战问题达成秘密协定。根据协定：一旦普法战争爆发，俄国则用武力援助普鲁士。这时普鲁士与英国的关系十分微妙，尽管两国表面上因汉诺威问题处于剑拔弩张的紧张状态，而实际上，英国正极力怂恿普鲁士对法作战，并保证提供大量英镑来支援普鲁士抵抗法国。于是，以俄普为中心、由英国提供经费的第四次反法联盟开始形成。

得知普鲁士要备战法国的时候，德意志全境都沸腾了，普鲁士的军官们更是热血沸腾，磨刀霍霍，决意要为祖国所遭受的侮辱、欺骗讨个公道，要对拿破仑的飞扬跋扈进行报复。

8 月 25 日，普鲁士召开了第一次军事会议，会上决定成立两个军团，由布伦瑞克公爵和霍恩洛厄亲王指挥。然后，再另外建立一支独立军，由吕歇尔将军指挥。71 岁的布伦瑞克任总司令。此后，普军及其盟国萨克森军开始向南推进。9 月底，他们集结在一条宽 70 英里的正面上，中路是布伦瑞克指挥的第一军团 7 万余人，左路是霍恩洛厄指挥的第二军团 5.5 万人，包括萨克森士兵在内。右路是吕歇尔将军指挥的独立军 5 万人，其中包括两个萨克森师。

普鲁士军队曾在菲特烈大帝时威震一时，一些人至今仍对其军队的威力深信不疑。他们认为，只要普鲁士军队给拿破仑以勇敢的一击，拿破仑的大军就会一败涂地，保王党就可以在后方举行暴动，拿破仑的政权会因此被推翻，波旁王朝可以轻而易举地复辟。然而，这些自信的人却忽略了一个事实，那就是如今不是菲特烈大帝时代，普军的后勤、武器装备大多停留在50年前菲特烈大帝时代的水平，其战术思想仍固守传统的“线式战术”那一套，僵硬的队形、迟缓的动作和有顺序的排枪仍被认为是战无不胜的，而对法军宽松的队形和比较放任的射击纪律不屑一顾。普军对于法国革命后法军所发展的机动性和战术弹性简直毫无所知。普军的将军也大多是年老保守者，年轻有才干的人很难有机会破格提升。这些年老保守者一味以腓特烈时的老将自居，妄自骄矜，对新情况、新战术漠不关心，且又重视排场、形式而不重实效。更为严重的是普将之间互不服气，指挥难以统一，这必将导致行动迟缓，各行其是。所有这些，已预先决定了这场大战的胜负。

关于普鲁士要对法国宣战的情况，拿破仑早已得知。8月份，拿破仑命令近20万大军奔赴德意志的南部，9月25日，拿破仑离开巴黎，抵达梅因兹。但是这个时候，他对敌人的行动、实力及作战计划不甚了解，他只是知道萨克森和普鲁士缔结了同盟，他必须对付他们的联合兵力。法国陆军对这个新战场很不熟悉，因此，拿破仑坚持在尚未发动作战之前应尽量搜集一切有关地形的情报，他派工兵军官前去侦察从图林根森林通往普鲁士和萨克森的道路。

10月3日，拿破仑来到符兹堡，从侦察地形的工兵军官那知道了普鲁士将要兵分三路的情况。拿破仑根据这些情况估计敌军主要展开在耶拿——埃森纳赫一线，而且左翼是暴露的，只有一支 2000 人的小部队进行掩护。根据这个判断，拿破仑将法军划分为左、中、右三路纵队，分别向前开进。左路为拉纳的第五军、奥热罗的第七军，沿科堡、鲁多尔施塔特之线开进；中路为贝尔纳多特的第一军、达武的第三军、近卫军和骑兵的大部，沿班堡、科堡、珀斯内克之线开进。拿破仑的大本营随该路行动；右路为苏尔特的第四军、内伊的第六军和巴伐利亚军，沿安贝克、拜律寺、霍夫之线开进。拿破仑大军在30英里宽的正面上以三支平行纵队前进，各军都处在可以相互支援的距离内。

拿破仑进军耶拿

负责指挥右路法军的第四军军长苏尔特，在这个迂回普军左翼的计划中起着举足轻重的作用。为了使他对自己的战略计划有着精确的了解，拿破仑特意给苏尔特写了一封信详细的解释自己的作战意图。信中道：“我要分三路侵入萨克森……当你到达霍夫时，其他各纵队也都会到达与你平行的位置。我通常会在中央纵队的头部。以如此巨大优势的兵力集中在狭窄的正面上，你应能认清我是不允许敌人有任何机会的。不管敌人怎样部署，我都要以两倍于他的兵力向他进攻。”“我相信骑兵是普鲁士陆军中最可怕的部分，但以你所有的步兵，若能构成方阵，则也就没什么可怕了。不过，在战争中任何预防措施都是不可疏忽的。在你

拿破仑的队伍在战斗中

的各师中务必携带3000到5000挖掘工具，以便必要时可以构筑防御阵地，甚至一条壕沟也都是有用的。”“假如你所遭遇的敌军兵力少于 30000人，你可以与内伊会合后，再向其作集中攻击；但假使敌人已据有良好的防御阵地，则行动必须慎重。到达霍夫之后，你的首要任务是与罗本斯坦、艾贝斯多夫和希莱兹建立联系。那时我将在艾贝斯多夫。当你离开霍夫时所获得的情报可以决定你的下一次行动，或者向中央靠拢，或者再向普劳恩前进。依照我今天所获的报告，敌人似乎是趋向我的左翼，因为其主力似乎是在爱尔富特。”

拿破仑之所以对自己的战略计划作如此详细的解释，是因为他把这种“营方阵”即20万人的3支平行纵队以30英里宽的正面前进看成是战胜普军的关键所在。一旦在正面上碰到敌人，他可以用一个纵队迎敌而用其他两个纵队来迂回；如果敌人在侧面上出现，两军可以立即左右展开迎敌，而其余兵力则为支援。

10 月 8 日，缪拉的前卫在霍夫遇上陶恩齐恩的萨克森师。法国骑兵如旋风一般向敌人卷去，萨克森士兵从来没有见过如此强大的阵势，没战多久便抵挡不住，仓皇北退。刚退到希莱兹，又碰上贝尔纳多特的前卫。萨克森师腹背受敌，损失惨重。

10月10日，拉纳元帅逼近萨尔弗尔德城，霍恩洛厄军团前卫费迪南亲王率领的9000人正驻扎在此地。费迪南亲王虽然年轻有为，精力充沛，但缺少实战经验，又刚愎自用。他没有采用下属给他建议的对策，不顾一切向法军发起进攻，双方展开一场激战。由于费迪南亲王兵力有限，很快就被法军打垮。但费迪南亲王仍不服输，亲自参加肉搏战，结果被当场刺死。普军的初期失败，使得布伦瑞克大为惊慌。尤其是费迪南亲王的阵亡，给整个大军罩上了一片愁云。这时布伦瑞克猛然意识到自己犯了一个严重的错误：向符兹堡前进恰好使自己的左面和后方暴露在法国优势兵力之下。于是，他决定立即退到马格德堡和易北河谷，以便掩护其与柏林之间的交通线。右边的吕歇尔军也奉命退回魏玛，霍恩洛厄军则奉命将兵力集中在耶拿以西的高原上以保护左翼。

10月11日，苏尔特的右翼纵队已经到达普劳恩，贝尔纳多特的中央纵队在奥马之北，左翼的拉纳已进入萨尔费尔德。苏尔特在9日夜间送回一个情报，说敌军正在从普劳恩退向吉拉，拿破仑断定敌军主力会集中在此地，并准备在此地进行大会战。可不久，缪拉又报告说，他的骑兵已通过吉拉，并未发现敌人踪影，萨克森部队似乎已向西通过罗达退往耶拿。

拿破仑不得不推翻先前的判断。现在法军的三支纵队已相当集中，可拿破仑对敌人的部署还是一无所知。10月11日午夜之后，拿破仑在奥马接到缪拉的报告，至此，他才对敌军的位置获得一点线索。这时，法军又截获了一些敌方文件。从文件中分析，拿破仑估计普军主力在爱尔富特和魏玛之间。12 日凌晨 4 时，拿破仑向拉纳发出指示："所有截获的文件都显示敌人已经丧失其头脑。他们昼夜高谈，但不知如何决定。你应能明了我军正在集中，我要切断他们到柏林的道路。现在就是要遇着敌人就猛攻，以求将其各个击破，而不让他们集中。"

同时，他命令缪拉的骑兵、贝尔纳多特的第一军和达武的第三军夺取萨勒河在多恩堡和柯森的渡口，切断敌军向莱比锡或易北河谷的退路。

13 日上午 9 时，苏尔特、奥热罗、内伊、拉纳四军奉命集兵耶拿，准备渡过萨勒河，前去攻击正集中在魏玛和爱尔富特之间的普军主力。同时，拿破仑命贝尔纳多特军和达武军听到耶拿炮声后，立即攻击普军左翼。

13 日下午 3 时，拉纳送来报告，说法军已经占领耶拿城，并将 12000 人的敌军赶向魏玛。另外，法军还发现有 30000 敌军驻在耶拿以西 3 英里的魏玛大道上。拿破仑兴奋不已，他断言一场与普军主力的大会战即将开始。

13 日晚上，大雾笼罩着萨勒河谷及其四周的高地，法军借助着这浓雾，神不知鬼不觉地整夜沿着狭窄弯曲的小路调动兵力。正如拿破仑所料，普军 13 日之前在魏玛、耶拿一带集结兵力达 18 万人，数量对法军处绝对优势。此时若能积极迎战，尚可与法军抗衡。然而，普军将领对军队如何行动存在着严重的分歧。一种意见认为普军应转进北方，另一种意见则认为应趁法军渡河之机发动进攻。军事会议在大本营开了 9 小时，最后决定撤离。在这宝贵的 9 个小时的时间里，法军得以更多地集兵，形成对耶拿的包围之势。

6时许，拿破仑下令攻击，法军乘雾而进。战斗一开始，法军就占了上风，霍恩洛厄的几个师被打得落花流水。拉纳军继续攻击前进，霍恩洛厄命20000人排成密集的横队，向拉纳军团发起猛烈攻击。突然，法军不见了，只见一颗颗子弹、一串串炮火从房屋后、从果园里、从断墙边不断地朝密集的普军飞来。于是，军事史上最出奇、最不幸的情况出现了：一个极为壮观的步兵阵线，在整整两个钟头内，站立在开阔地带上，任凭法军无情火力的扫射，毫无还手之力，因为他们根本找不到还击的目标。普军死伤枕藉。霍恩洛厄看到这种情况，便不顾一切的把所有预备队都投入了战斗，等待着吕歇尔援军的到来。但是吕歇尔将军可没有霍恩洛厄那样焦急。他接到求援信后，不慌不忙地将15000人排列整齐，缓缓而行。直到下午2时，吕歇尔的先头部队才与法军遭遇。普军排着整齐的队形，迈着稳健的方步，刚刚靠近法军，还没来得及排开战斗架势，就被蜂拥而至的法军打得无法招架。15分钟内，损失兵力一半以上，幸存的普军纷纷掉转头来，朝着魏玛方向猛逃。在法军骑兵的追击之下，吕歇尔身负重伤，差点丧命。

下午4时，法军成纵队追击普军的残兵败将。他们如秋风扫落叶一般横扫着一切，不抓俘虏，不听求饶，见普军就杀，溃逃的普军大都成为法军的刀下之鬼。夜幕降临时，追至魏玛的法军在一片胜利的欢呼声中得意地返回了耶拿城。

13日夜间，普王和布伦瑞克率领普军主力从爱尔富特和魏玛向北撤退，途经耶拿西北20多公里的奥尔斯塔特，普王决定在此地宿营。这时，已占领了瑙姆堡的达武军接到拿破仑的命令，叫他选择最短路线，尽快抵达耶拿以北的阿波尔达，威胁敌军左翼。14 日 6 时，达武先头部队抵达奥尔斯塔特东北的汉森豪森村，浓雾之中，正好遇上普军主力的前卫施美陶的步兵师和布吕歇尔的骑兵师。达武先头部队立即构成方阵，集中火力射击，打退了普军骑兵的 4 次冲击。施美陶的步兵师因受火力阻拦，难以继续前进，便与法军形成对峙。10 时许，达武军后续两师先后赶到，但普军的后续部队也于此时赶到。普军 50000 多人从左右两翼猛烈攻击达武的 20000 多人，达武处境十分危险。

拿破仑时期的骑兵

幸好普军仍拘泥于横队密集型的“线式战术”，呆板的方阵很快就受到法军灵活机动的火力杀伤。普军总司令布伦瑞克见法军顽强抵抗，亲率一团榴弹兵冲锋，不想被弹丸击中双眼，造成致命重伤，被抬出战场。普军群龙无首，各师各自为战，很快就处于不利地位，普王只得下令向魏玛方向撤退，准备与霍恩洛厄和吕歇尔两军会合，明日再战。

普王撤退途中，正好与耶拿战场上的残兵败将迎头相撞，两股败军合在一起，形成一股混乱的人流，没命地向魏玛方向逃跑。法军骑兵在后面紧紧追赶，战刀在败兵耳边呼呼作响，人人惊恐万分。

普军在继续溃退，拿破仑估计普军的自然退却方向为马格德堡，于是，10 月 15 日，法军兵分三路，开始了战史上著名的大追击。普军在溃退过程中，人数一天比一天地减少，绝望惊恐的心情一天比一天地加重。16 日清晨，普军败退部队指挥官美伦多夫在爱尔富特率军万人向缪拉投降。普王害怕法军右路部队的追击，不敢回柏林，而是东向俄国求救。10 月 20 日，霍恩洛厄避开法军，将各军团近 40000 多名残兵聚集起来，守御马格德堡。这些残兵个个赤手空拳，垂头丧气，霍恩洛厄料想这支队伍难以御敌，自率 24000 人分三路退往斯德丁堡。10 月 28 日，霍恩洛厄在普伦茨劳被缪拉军团团团围住，不得不率军万人、马 1800 匹、炮 64 门投降。

就在霍恩洛厄投降的前一天，拿破仑随同 4 位元帅、骑兵掷弹兵、近卫轻骑兵得意洋洋地进入柏林。柏林市长毕恭毕敬地把首都钥匙交给了拿破仑，请求他赦免柏林。拿破仑下令商店继续营业，生活照常进行。柏林市民怀着恐惧和尊敬的心情迎接了拿破仑，表现出绝对的服从。拿破仑来到柏林市中心广场，这里竖着腓特烈大帝的半身塑像。拿破仑压低剑头，率先脱帽向腓特烈大帝致敬，军官们纷纷效仿。在普鲁士王宫里，拿破仑找到了腓特烈大帝的宝剑、他的颈甲以及勋位绶带和闹钟，他让人把这些东西带回巴黎，交荣军院保存，他说："在缴获的普鲁士国王的珍宝中间，我最喜欢的就是这些战利品。我要把这些东西送给参加过汉诺威战役的老兵，他们将会把这些东西作为伟大军队的胜利和罗斯巴赫战役失败后所进行的复仇的象征珍藏起来。"同一天，拿破仑还命令把腓特烈大帝为纪念法国人在罗斯巴赫的失败而建立起来的纪念圆柱运回首都去。

拿破仑从来没有像现在这样得意过。以弗里德里希大王的尚武精神培养起来的普鲁士军队，自诩为欧洲最强大的军队，被他打得落花流水。在短短的一个月以内，作为欧洲四大国之一的普鲁士消失了，整个欧洲为之震惊，德意志各小国更是惊恐万分，他们赶忙派人到波茨坦宫向拿破仑表示归顺。他们跪拜在他的面前，祈求宽恕和庇护；他们向他阿谀奉承，保证自己对他的忠诚之心。拿破仑陶醉在胜利之中，似乎整个世界已踩在他的脚下。

废止婚姻遴选新后

跃上权力之巅的拿破仑对约瑟芬的感情开始有了一丝动摇和犹豫。在他给约瑟芬的信中，再也听不到往日将军对爱妻的声声呼唤，他用很大的篇幅描绘的只是战争，他甚至阻止妻子到前线来看望自己。约瑟芬早已觉察到自己的危险处境：因为不能生儿育女，离婚那一刻随时会降临。为了推迟这一时刻的来临，约瑟芬对他唯命是从，可还是唤不回他对自己的热情。约瑟芬终日忧心忡忡。因为这时的约瑟芬虽说是风韵犹存，但毕竟是半老徐娘，身为万人崇拜的皇帝对她已没什么兴趣了。拿破仑身边围满了一批批年轻美貌的女子，他深深为这些充满青春气息的胴体所吸引。皇帝的风流艳事不断地传出，约瑟芬无可奈何，唯有以泪洗面。

拿破仑一生虽与众多女子亲昵过，但没几个获得过他真正的爱情。尽管也有人为拿破仑生下了儿子，但这不是名正言顺的。他那强大的帝国必须要有继承人，没有子嗣的事一直在苦恼着他。他曾想把弟弟路易的儿子过继给自己，可是不久之后，小王子便夭亡了。小王子的夭亡更加坚定了他离婚的想法。

对拿破仑来说，与约瑟芬离婚也不是一件轻松的事，约瑟芬毕竟是他一生中真心爱过的女人，尤其是结婚头几年，拿破仑对她付出了全部身心。即使现在拿破仑身边情妇如云，他对她仍然有一种真挚的深沉的感情。在他们准备离婚的那段日子里，拿破仑天天和约瑟芬在一起，他对她说："在政治上是没有良心而只有头脑的。"

1809 年 12 月 15 日，在皇帝宽敞的办公室里，约瑟芬当着帝国所有大臣和皇帝全家的面，宣读了放弃皇冠的声明书。她用颤抖的声音宣读道："经我尊严、亲爱的丈夫准诺，我谨声明，鉴于我失去了生儿育女的希望，难以适应其政治上的需要和法兰西的利益，我心甘情愿地以最坚定的方式表明，我把世界上前所未有的爱情和忠贞献给了我的丈夫……"

拿破仑与约瑟芬离婚

第二天，约瑟芬被勒令在下午 2 时离开杜伊勒里宫。在花神楼梯的列柱廊下，停着搬家用的车辆。约瑟芬在她的皇家住宅里流连徘徊，依依不舍。这里的每一件东西都令她回想起那令人陶醉的时刻。正当她眼泪汪汪、最后一次凝眸注视着这些熟悉的摆设时，一扇门打开了，拿破仑走了进来。约瑟芬抽噎着扑在他的怀里，他温柔地亲吻着她，约瑟芬激动得昏了过去。等她醒来时，拿破仑已不在身边了。约瑟芬意识到自己该走了，在下人的搀扶下，登上一辆漂亮的全包金马车，朝马尔梅松驶去。皇帝已慷慨大方地把马尔梅松堡赐给她作为避暑山庄，把爱丽舍宫赐给她作为巴黎的住宅。那一天，天空阴沉灰暗，倾盆大雨下个不停，仿佛整个大自然都在为这个不幸的女人而垂泪。

不久，已经离婚的拿破仑为自己遴选新的皇后召开了大臣会议。法兰西的大臣们纷纷向拿破仑献言献策，他们的心情甚至比拿破仑还急迫。因为他们当中大部分人的命运是同拿破仑的命运紧密相连的，他们害怕波旁王朝的复辟，希望拿破仑帝国继续存在，认为只有帝国的直接继承人的降生才能使帝国长命百岁。然而，挑选谁为新娘呢？

对于挑选新的皇后，拿破仑有自己的想法。他认为法国与英国正在进行着一场生死战争，双方不可能联姻；奥国刚刚被他打得落花流水，暂时不考虑；俄国倒是一个很好的联姻对象，俄国不仅比奥国力量强大，而且还可以通过俄法联姻进一步加强俄法同盟。于是，拿破仑着手在俄国挑选新娘，驻彼得堡的法国大使科兰古奉命非正式查询亚历山大一世的妹妹安娜的情况。不久，科兰古奉命正式向俄国求婚。

拿破仑的求婚在俄国宫廷引起了极大的骚动。俄国宫廷中的大部分人是不喜欢拿破仑的，俄国的大地主贵族对拿破仑尤其仇恨。他们极力反对这桩婚事。然而，俄国对这位欧洲征服者不敢直接拒绝，亚历山大一世用奉承讨好的言辞向科兰古说明，他个人是极希望看见自己的妹妹成为拿破仑的妻子，但母后希望推迟安娜与拿破仑的婚期，原因是安娜太年幼，只有 16 岁。

拿破仑对俄国宫廷使用这种拖延时间的战术十分清楚。为了避免陷入被拒绝的尴尬境地，于是拿破仑的目标又转向了不久前被他否定了的奥地利。他召见了奥国驻巴黎大使梅特涅，并向他询问奥国皇帝是否同意把自己的女儿玛丽亚·路易莎嫁给法兰西的皇帝？梅特涅马上不假思索地说，奥国一定会同意出嫁年轻的公主。梅特涅比谁都明白，只有借助联姻机会，方能保全奥地利。如果拿破仑娶了奥国公主，他就会与亚历山大失和，从而将奥地利看成是天然盟友。奥皇为了国家利益，不会不同意的。

果然不出拿破仑所料，亚历山大最终对这件婚事表示了拒绝。不过，拿破仑并不感到沮丧，因为奥国新娘已在那等着他。

1810 年 2 月 7 日，拿破仑开始草拟婚约。婚约一拟好，立即请求奥皇批准。奥皇愉快地接受了拿破仑的求婚。在奥国看来，这场婚姻简直是对奥国的一次拯救。人们热烈欢呼，把这件婚事看成是和平的永久保证，人们希望大陆的休养生息再不会被法奥的敌对行动而破坏。

1810 年 3 月 11 日，在维也纳一座被人围得水泄不通的教堂里，贝尔蒂埃代替拿破仑完成了与奥国公主的订婚仪式。随后，这位 18 岁的公主带着 83 辆马车组成的浩浩荡荡的车队，向法国大地滚滚驶去。一路上所经过的法国附庸国，都以令人难以置信的盛大场面欢迎着她，到处都使她感觉到她是欧洲主宰者的妻子，她最初的恐惧心理逐渐被一种自豪感所代替。

此时的拿破仑正在做着迎娶新娘的最后的准备。他派人把所有属于约瑟芬的东西全部清除出皇宫，并把约瑟芬原来住过的房屋粉刷一新，甚至拿破仑还为他未来的孩子准备出了房间，在房间里摆满了男孩子喜欢的仿真手枪和刀剑等玩具。拿破仑亲自检查各项工作的进展，以至于他在处理国家大事时，不惜草草了之。

拿破仑在离巴黎不远的贡比涅大路上终于迎接到了他的新皇后。在见新皇后之前，拿破仑精心地打扮了一番：他往身上洒了些香水，用发蜡把自己那一绺传奇式的头发固定在前额上。他还戒了烟，担心烟草熏黑了鼻孔。公主的华丽马车在他面前停下了，他让侍从打开车门，向玛丽亚·路易莎通报自己的到来。然后，他拉起公主的手吻了吻，说道："夫人，见到您，我感到非常高兴。"说完，钻进马车，与皇后一起前往目的地。这第一面给公主留下极好的印象，拿破仑表现得极具绅士风度。路易莎随后对别人说："皇帝作为一名如此令人生畏的将军，是够温柔迷人的了。看来，我一定会很爱他的!"4 月 1 日下午 2 时，拿破仑与公主在圣克鲁宫举行了非宗教婚礼。第二天，在卢浮宫大画廊内举行了隆重的宗教婚礼。

路易莎皇后长着一头棕发，两颗湛蓝的眼睛极富表情。她风华正茂，婀娜娇艳，浑身充满了青春的活力。她在廷臣面前持重大方，略带羞涩，在私生活中温情脉脉，和蔼可亲。

拿破仑曾将自己的两个妻子做过如下比较：

"一个（约瑟芬）富有艺术和风度，另一个（玛丽亚·路易莎）则天真烂漫、单纯朴实。在生活中，前者的举止习惯始终是那样令人愉快和陶醉，简直达到无懈可击的程度；她专心于给人以良好的印象，她能够达到目的而又不让人察觉自己的用心。凡是能增加她魅力的艺术她都一一运用，且手法巧妙，别人最多只能略有揣想。后者却相反，她根本没有想到做出天真的样子也是有好处的。前者始终不露真意；另一个却不知世上还有掩饰隐讳之技巧，一切手腕对她来说都是陌生的。前妻从不公开索要东西，可是她什么都想要；后妻缺什么总是直言不讳地要，尽管缺东西的情况很少见。每当她拿到一件物品，立即会想到务必付钱。不过，话得说回来，她们两人都是温柔的贤妻，都非常爱慕自己的丈夫。”

路易莎与她的儿子

两位皇后性格上的迥异正是撩人的魅力所在，拿破仑对新皇后勃发出一种出人意外的恋情，他真心地爱上了这个奥地利女人。

1811 年 3 月 20 日，玛丽亚·路易莎为拿破仑产下一名男婴，整个巴黎沸腾起来了，人们纷纷走上街头，相互祝贺，热烈拥抱，“皇帝万岁”的欢呼声响彻云霄。当了父亲的拿破仑更是激动万分，他眼里噙着泪水，一会儿亲吻孩子，一会儿拥抱妻子，仿佛他一手创建的法兰西帝国会因此永固下来。没多久，这个男婴被封为罗马王，罗马市成为了法兰西帝国的第二个首府。

第七篇　陷入俄国战争的泥潭

挫折也有好的一面，它教给我们真理。

——拿破仑

同盟决裂

拿破仑进攻俄罗斯

虽然法国与俄国缔结了提尔西特和约，保持了短暂的和平，但是法国和俄国长久以来的矛盾并没有彻底消除，这些矛盾一个个累积下来，最后变成了一个一触即发的地雷。

法俄两国在波兰问题上矛盾重重。法国虽在提尔西特和约中同意不重建波兰，但它把从普鲁士手中夺到的波兰地区组成了一个华沙大公国，而且还准备恢复波兰王国的旧疆界，把立陶宛、加里西亚和乌克兰的一部分也合并进去。俄国对此十分惊慌，害怕拿破仑会夺走它在三次瓜分波兰中所获得的领土。

拿破仑迟迟不从普鲁士撤军也引起沙皇的极大不满。这时，沙俄的军事力量已经伸进波罗的海、黑海和波兰，并在多瑙河下游站住了脚，它还准备伸出另一只脚横跨中欧，为确立对德意志的霸权发动攻势。亚历山大强烈要求拿破仑根据和约从普鲁士撤军，拿破仑却充耳不闻。他甚至不顾亚历山大的强烈抗议，吞并了奥尔登堡，并放逐了奥尔登堡大公，而这位大公正是亚历山大的妹夫。

沙俄对大陆封锁政策阳奉阴违同样也激起拿破仑的愤怒。沙皇曾默许了 600 艘英国商船装载着英国货品走私进入俄国，这些英国货品又从俄国流入德意志、奥地利、波兰和欧洲大陆各地，致使拿破仑的大陆封锁形同虚设。与此同时，沙皇也撕毁了提尔西特和约，和约规定，陆地货物入境，必须按照议定的条件给予优惠，但是 1811 年 1 月，俄国实行的新税率反而大大提高了法国输往俄国商品的进口税。亚历山大认为，俄国不能向英国出口，就没有钱去购买价钱昂贵的法国货，如果要买，外币兑换就会发生紊乱，俄国在国际上的信用必定会扫地。于是沙皇一边对法国商品征收重税，增加俄国收入，一边又廉价进口殖民地的货物。拿破仑对俄国的这些行为大为光火。他认为只有制服了俄国，大陆封锁才能成功，英国才能被置于死地。不断激化的矛盾很快就把两国推向战争的边缘，双方都在积极备战。特别是拿破仑与俄国联姻失败后，更是加快了备战的步伐。人们普遍认为法奥联盟代替了法俄联盟，一场血腥大战的阴影又在地平线上升起。

1812 年 2 月和 3 月，拿破仑分别同普鲁士和奥地利签订了同盟条约。条约规定，奥国必须出 30000 名士兵帮助拿破仑作战，普鲁士则须出20000人，同时还要交2000万公斤裸麦、4000万公斤小麦、4 万多只羊、7000 万瓶酒供军队使用。到 1812 年春末，欧洲各附庸国基本上都在顺从地准备对俄作战。

这时，欧洲大陆上的瑞典和土耳其两个国家还不曾被拿破仑所束缚，而且这两个国家是俄国的近邻，拿破仑计划北联瑞典，南结土耳其，南北同时夹攻俄国，因此，他迫切期望与之结盟。

当时在瑞典掌握实权的是王储贝尔纳多特。尽管贝尔纳多特曾是拿破仑的元帅，但他害怕与法国结盟会遭受英国海军攻击，影响海上贸易，所以，他对拿破仑的要求迟迟不予回复。就在这时，俄国答应支持瑞典吞并挪威，而法国因为挪威是其盟国丹麦的属国，不愿让瑞典吞并挪威。为了本国利益，贝尔纳多特决定与俄国结成同盟。1812 年 4 月 5 日，两国签订了同盟条约，俄国由此解除了北边的威胁。法国还想拉拢土耳其，但俄国在 1812 年初打败土耳其后，主动与之媾和。再加上英国从中作梗，防止土耳其与法国结盟，结果，俄土两国重新言归于好了。这样，俄国避免了在南线分兵作战。

尽管拿破仑在争取瑞典和土耳其的外交中，败于亚历山大之手，但他并未因此丧失信心。他现在已集结了 50 万大军，这比以前各次战争中的兵力都要多好几倍，他相信这 50 万大军一定会打败那个曾被他痛击过好几次的俄国敌人。

1812 年 4 月 27 日，俄国要求拿破仑撤退在普鲁士和西里西亚的驻军，他断然拒绝，并开始集中各路大军。冒险开始了。在这场冒险中，拿破仑或成为整个欧洲的统治者，或彻底垮台，他又一次在孤注一掷了。

博罗迪诺血战

对于如何进行对俄国的战争，拿破仑在考虑到与俄作战的诸多不利因素之后，他决定速战速决。但是拿破仑在短期内消灭俄军的计划并没有实现，这场战争对拿破仑来说是劫难的开始。

在战争的开始，俄军就在不断的撤退，丝毫没有决战的打算，拿破仑的失望与日俱增，他的心情就像是一个输了钱的赌徒，越输越赌，一心要来一次决定命运的赌局。时隔不久，拿破仑终于盼来了与对手较量的机会。

9 月 5 日，法军开到博罗迪诺附近。博罗迪诺距莫斯科 120 公里，扼守着通往莫斯科的要道。俄军阵地就选择在博罗迪诺村所在的那一段山岭上，并在那修筑了多面堡工事。拿破仑登上一块高地，居高临下，纵览两军阵地。这时法军已向俄军左翼谢瓦金诺多面堡发起攻击，俄军猝不及防，不到一小时，谢瓦金诺多面堡便落入法军之手。

拿破仑不时地用肉眼观察敌人的阵地，他很担心谢瓦金诺多面堡的攻陷会使俄军主力撤走。尽管拿破仑渴望占领莫斯科，但

拿破仑与玛丽母子

他不希望不经过决战就得到莫斯科，他的目标是要消灭俄军，这才是他在这场大战中想要得到的。

9月7日，太阳从东方升起，照亮了整个大地，拿破仑兴奋地喊道：“这是奥斯特里茨的太阳!”士兵的情绪顿时被调动起来。

一场大战开始了。就在这时，有人给拿破仑送来罗马王的肖像，拿破仑顿感一种甜蜜的温情涌上心头，他喃喃地低声重复道：“我亲爱的路易莎，想得真周到啊！可爱的孩子!”拿破仑的激动之情难以用语言来形容。短暂的激动过后，拿破仑又把他的眼光投向了战场。

战场上炮火轰鸣，枪声大作，战斗的激烈程度超过以往任何一次。法军第 106 常备团在普洛松将军的率领下冲入博罗迪诺村，赶走了那里的俄国轻骑兵。不料，俄国轻骑兵很快又组织了一次反冲击，普洛松将军及其下属全部战死疆场。幸好法军增援部队及时赶到，才得以占领博罗迪诺村。这时，达武、内伊等军团从中央对巴格拉吉昂的钝角堡发起猛烈进攻。俄军以一比二的劣势兵力进行了顽强抵抗，连续打退法军几次进攻，达武军团中的孔潘将军师团几乎全被敌人炮火消灭，达武元帅本人也身负重伤。内伊元帅率领着三个师团勇猛地冲进了俄军的钝角堡，但很快又被俄军赶了出来。内伊不甘罢休，对钝角堡发起一次又一次进攻，然而，毫无进展。

中午时分，拿破仑看到钝角久攻不下，便重新调整了部署，加强了攻击的力度。他集中了45000人和400门大炮猛攻巴格拉吉昂的钝角堡，巴格拉吉昂也不示弱，调来了600门大炮对轰，一时间，战场上硝烟弥漫，地动山摇。双方炮击持续几个小时，法军对该阵地得而复失达7次之多。就在法军冒着弹雨进行第8次冲锋时，巴格拉吉昂被法军一枚炮弹击中，造成致命重伤，被人抬出战场。群龙无首，俄军开始退却。法军付出了巨大的伤亡代价占领了棱堡，但是图库佐夫派出了两支部队迂回到法军左右两翼实施突袭，迫使法军推迟了冲击的时间，图库佐夫充分利用了这段时间，加强了俄军的中央和左翼。战斗一直进行到下午6点钟，俄军仍然在坚守阵地。

一些地方的法军在没有接到上级的命令便停火了，他们已经太累了，而且法军几乎所有的部队都失去了他们的司令，师长们不是阵亡就是负伤，骑兵团和步兵团的战斗力大大下降。为了彻底击垮俄军，缪拉和内伊向拿破仑提议动用预备队和近卫军，但遭到拿破仑的拒绝。拿破仑心里很清楚，在远离法国3000公里的陌生大国里作战，无论如何不能把最后的精锐部队全部用光，否则难以应付以后的事变。

博罗迪诺血战

第二天清晨，拿破仑

开始巡视整个战场。这天的天气极其恶劣，雨下个不停，风刮得很猛，拿破仑看着堆积如山的人和马的尸体，沉默了，脸色显得阴沉可怕。一些尚未断气的伤员极力从地上仰起身子，想引起人们的注意，以便他人前来抢救。拿破仑听见伤员的喊声，勃然大怒，大声指责那些负责撤走伤员的人磨磨蹭蹭。巡视完毕，拿破仑默默掉转马头离开战场。这天夜里，他辗转反侧，久不成眠。虽然俄军在这次战斗中也伤亡惨重，22 名高级军官和 4 万多名士兵或死或伤，但拿破仑清楚地意识到：法军未能给俄军主力以歼灭性的打击，战略任务远未完成。事后，他曾感叹地说："博罗迪诺一战，法军表现出最大的勇气，却获得了最小的胜利。"

莫斯科的大火

博罗迪诺血战后，拿破仑命令大军全速向莫斯科推进。

1812 年 9 月 14 日，一个阳光灿烂的早晨，阳光给大地镀上了一层金黄色，拿破仑和他的随行人员登上了斯巴罗山的山顶。莫斯科在阳光的照耀下闪闪发光。它是那么的安详、优雅。看到眼前的美景，拿破仑信心百倍地说："和平就在莫斯科。一旦我军胜利地进占他们的首都，就会迫使我的兄弟亚历山大看清形势，同时也逼迫俄国的大贵族们正视现实。他们将会重新考虑是否要把战争拖延下去。倘若我解放俄国的农奴们，那将使俄国的巨大财富遭到毁灭!”

博罗迪诺决战失利之后，库图佐夫率领溃退的俄军来到莫斯科与拿破仑议和，他向拿破仑提出在军队和居民撤离莫斯科城时，双方暂停交火。拿破仑答应了他的请求，并派人跟踪俄军，迫使他们撤离的更远一些。

库图佐夫雕像

9 月 15 日 6 时，拿破仑部署好一切之后，在护城河的栅栏边等候代表团的到来。两个小时过去了，代表团毫无踪影。拿破仑越等越不耐烦，几乎每隔一分钟就派出一名军官前去接代表团或社会名流。就在拿破仑焦急万分之时，缪拉和迪罗斯内尔将军送来了报告：莫斯科城内一位社会名流也没有，甚至连一个长期住户也找不到。大街上除了几个社会下层的人之外，几乎是静寂无人。这一消息犹如晴空霹雳，深深地震惊了拿破仑，他那平时显得十分冷淡的脸上立刻浮现出痛苦和失望的表情。手捧莫斯科钥匙的代表团不可能出现了，亚历山大主动求和更是毫无指望，拿破仑又一次陷入了严肃的思考之中。

晚上 8 点，城郊突然蹿起火舌，法军费尽艰辛才将大火扑灭。可这并没引起法军的重视，他们以为这只不过是由于部队点燃篝火不慎而引起的。晚上 10 点，有人报告离克里姆林宫最远的一个街区发生了火灾，在强劲的北风吹动中，熊熊火焰正在向市中心蔓延，而且火势越来越猛。法军立即处于戒备状态，有几个正在往易燃物上点火的俄国警察和农民被当场捉住了，他们供认是受莫斯科市长罗斯托普钦之命，要在一夜之间烧毁全城。烈焰继续从一个街区向另一个街区扩展，而法军对此似乎毫无办法，因为敌人在撤走前把一切灭火器材都带走了。

9 月 16 日，稍稍偏西的北风掀起了更为可怕的火浪，克里姆林宫的房屋已经燃烧起来。人们用扫帚和铁桶奋力扑打着从天而降的火星，用水浇湿房顶的横梁，拿破仑也亲自参加了救火战斗。在皇帝的鼓舞下，近卫军的炮兵和步兵个个奋勇争先，冒着生命危险，与熊熊烈火顽强的搏斗着。

9 月 17 日，已经持续了一天一夜的烈火延伸到了更广阔的地区，法军进驻的北区和西区已大部分地燃烧起来。西北风继续刮着，火势有增无减，豪华的剧场和大型建筑物都笼罩在浓烟之中，人们已无法控制和征服它，也不知道这场大火到底要烧到什么时候。火焰开始越过了克里姆林宫的城墙。

莫斯科的大火

大火烧进了克里姆林宫，拿破仑不得不下决心把统帅部搬迁到城外的彼得罗夫宫。当他和随从人员离开克里姆林宫的时候，宫殿外侧的门已烧掉一半，火星不断地落在他们身上，浓烟几乎使他们窒息。拿破仑的灰色礼服多处烧糊，头发也烧焦了许多，但他已顾不上这些了，他带领着一行人，勇敢地穿过烈火、灰烬、废墟，于夜幕降临时到达彼得罗夫宫。

9 月 18 日，城中的烈火仍以新的势头猛烧。黄昏时分，老天终于帮了他们一把，风停了，下了一场大雨，燃烧的大火终于被扑灭了。

大火过后，拿破仑重返克里姆林宫。莫斯科城的四分之三被烧毁，6000 多幢房屋化为灰烬，莫斯科市长罗斯托普钦的住宅也被烧成焦土。现在回想起来，莫斯科的这场大火让他了解到俄国人民在同法国人的斗争中下了何等大的决心。

法国军队的情况越来越糟。他们为了获取粮食和军需品，各种暴行和犯罪不断发生，他们的行为简直和土匪没有什么差别。未被大火烧毁的商店、酒窖被强行打开；没有进城的部队甚至派出自己的小分队进城抢劫，纪律对他们已毫无约束力。尽管拿破仑多次严明军纪，可无济于事。

拿破仑认为现在的最好的出路是与亚历山大缔结和约，然后带着自己的军队体面地撤出俄国，而不是在莫斯科度过即将来临的严寒冬天。可是，亚历山大那边毫无音信，拿破仑为此整日坐立不安，他开始想方设法要把自己热爱和平的愿望通知沙皇。

莫斯科教养院院长图托尔明先生是一个可以为沙皇亚历山大传话的人。图托尔明先生像一个优秀的父亲那样，把大部分孤儿遣散后，自己勇敢地留下来请求法军当局保护教养院的房屋和留在莫斯科的养育者。作为俄国皇后的慈善机关的一个负责人，他的话有一定的权威性，并能在彼得堡各阶层产生影响。拿破仑命令召见他，并十分热情地同他谈了许多话。图托尔明先生对法军保护了他的慈善机关表示感激，拿破仑则向他保证说进行这场战争完全是出于政治动机，而非个人仇恨，和平才是他首要达到的目标。图托尔明请求允许他写一份关于教养院的报告给皇后，拿破仑满口答应，并加上一句话："我请你还给亚历山大皇帝写一点，我仍像以前那样尊敬他，说我希望媾和。"图托尔明的报告刚一写好，拿破仑立即下令送图托尔明的信使通过法军岗哨。

拿破仑的这封媾和信被俄国人看成是拿破仑已到山穷水尽地步的证据，俄国宫廷并没有理睬拿破仑，而是以沉默方式回复了他。拿破仑被这种沉默震惊了，他原以为已被战争弄得筋疲力尽的俄国人会抓住一切机会来结束战争，而他也习惯了在被征服国家的皇宫里下达和平命令，可这次却没有成功。拿破仑现在有点进退两难了，他愤愤地说："很难看出由于仇恨所产生的动机能妨碍我们双方达成谅解。我们到达了俄国古老的首都，从军事观点看，不管多么有利，可不签订一个初步和平协议就离开这里，会被人看成是一种政治上的失败。整个欧洲在注视着我们，他们会把我们在明年春天肯定会获得的胜利判断为我们今天的失败。如果那样，后果将不堪设想。"

在莫斯科的日子里，拿破仑一直处在从未有过的忧虑之中。为了掩饰这种情绪，他每天花大量的时间去处理法兰西帝国及其附庸国所发生的一切事情，他要让巴黎人相信他在俄国的战事是很顺利的，否则他怎么会有这么多的时间来处理这些鸡毛蒜皮的事呢？

但是，这时法军的处境更加困难，战争、起义、饥饿、交通、气候这些因素都在困扰着法国的士兵。更令人头疼的是，俄国人民广泛地拿起武器进行游击战争。他们分股活动，四处袭扰法国的城防部队，破坏交通线，袭击野战部队的分队。巴黎的信使因沿路受到敌人的围追堵截，经常无法把信及时送往莫斯科，有些信件甚至被敌人截获。同时，库图佐夫也专门派出部队，前往斯摩棱斯克等地，对法军开展“小战争”。俄军在卡卢加、图拉、梁赞等地大量训练预备队，建立民众武装约 20 万，分布在莫斯科周围活动。面对俄国民众的武装斗争及其坚壁清野的措施，远离本土的法军陷入粮荒之中，即使在莫斯科，也找不到干草和燕麦，大批军马死亡，许多大炮因无马匹驮运不得不毁弃。在附近乡下征收粮秣的法国人不断遭到当地农民的激烈反抗，一无所获。法军面临着饥饿的威胁，士气极为低落，拿破仑正由莫斯科的占领者逐渐变为莫斯科的囚徒。

面对恶劣的形势，拿破仑清楚地认识到自己的处境危险，他的头脑中开始有了撤出莫斯科的念头。

9 月 24 日，莫日艾斯克大道被俄国的一个骑兵团和哥萨克部队切断，拿破仑派出几营骑兵和近卫军的龙骑兵前去打击敌人。尽管士兵们十分英勇地作战，但仍被优势敌人包围，不得不放下武器，马瑟上校和另外几名军官及部分近卫军全都被俘。这次不算很大的损失给了拿破仑当头一棒，他看到他的骑兵战斗力在下降，他与法国的交

拿破仑陷入俄国的战争

通线已受到严重威胁。不久，通往斯摩棱斯克道路上的另外几处也被敌军占领了，莫斯科与法国的一切通信联系均被切断，维尔纳、华沙、美因兹、巴黎再也不能收到法兰西皇帝签发的各种命令。在莫斯科，拿破仑只是徒然地等待他的大臣们的信件、政府报告和欧洲的消息。他的脾气更加暴躁了，他周围的人为此吃尽苦头。

和谈一直没有消息。10 月 13 日，莫斯科降落了冬季里的第一场大雪，拿破仑开始认真考虑下一步该怎么办了。他召开了军事会议。会上，众将帅意见不一，有的主张向彼得堡进军，威逼俄都，以增强俄国贵族的恐慌心理，争取媾和；有的主张固守莫斯科，等待援兵，俟明年春天再与俄军一决雌雄。拿破仑考虑再三，认为法军已成强弩之末，兵力不足，很难再组织起远距离的进军，进攻彼得堡已无可能。若再坚守莫斯科，恐法军在俄国的困境会导致国内政局不稳。一旦俄军完全切断法军后路，坚守莫斯科，无异于自取灭亡。最后，拿破仑忍痛决定撤出莫斯科。

撤离莫斯科

1812 年 10 月 19 日清晨，法军占领莫斯科的第 36 天，拿破仑率领着浩浩荡荡的法军开始撤离莫斯科。拿破仑命令莫蒂埃元帅奉命率近卫军 7000 人暂留莫斯科断后，指示他在撤出莫斯科后炸毁克里姆林宫。全部法军沿着卡卢加大道前进，准备进攻库图佐夫。此时法军兵力约 10.8 万人，火炮 569 门，排成了 8 路纵队在宽阔的大道上行军，后面跟着无数装载粮食和各种掠获物资的马车和货车。军队和车队铺成了一条漫长的行列，直到夜晚，这条长长的行列仍没完全走出城门。

撤离莫斯科

10 月 21 日和 22 日，天气十分恶劣，地面上全结了冰。由于马匹没有事先钉上防滑铁，许多马滑倒在冰上，再也无法站立起来，士兵们只好在马匹还活着的时候就把它们宰杀充当军粮了。夜间，天气更加寒冷，许多拉车的马被冻死，法军不得不把弹药箱和马车扔掉。

10 月 23 日，法军抵达博罗夫斯克。库图佐夫获悉这一情报后，立即将主力由塔鲁丁诺调往离博罗夫斯克不远的莫洛亚罗斯拉维茨。24 日拂晓，两军前卫在莫洛亚罗斯拉维茨相遇，展开一场血战。战斗进行了好几个小时，仍不分胜负，双方还在不断地调动增援部队参加战斗。中午 11 时，拿破仑赶至战场，密切注视着战场动向，他希望库图佐夫在这次战斗中能倾全力战斗，这样他就有机会将俄军彻底打垮。战斗持续一天，法俄两军反复争夺莫洛亚罗斯拉维茨阵地，其地易手达 8 次之多，双方损失极为惨重。最后，俄军撤出了阵地。

当天晚上，拿破仑与随行人员巡视战场的时候，他对俄军的一些做法感到十分奇怪：库图佐夫既然牺牲了那么多的人来保卫阵地，为何不坚持到底，反而放弃阵地呢？难道其主力是在巧妙地躲避法军吗？如果法军在莫洛亚罗斯拉维茨的那一边仍找不到集结的敌军，那又该选择哪一条战线撤往斯摩棱斯克呢？他对俄军的作战方略一无所知。

第二天，拿破仑察看阵地后，召开了一次军事会议。贝尔蒂埃、缪拉等人鉴于伤亡惨重，主张放弃决战，向北撤退。拿破仑考虑到既然俄军主力在像莫洛亚罗斯拉维茨这样的坚固阵地上也不愿同法军决战，那就更不可能在别的什么地方与法军作战了，于是，他同意了元帅的意见，决定向北顺着来时的路退往斯摩棱斯克。

10 月 28 日，法军抵达莫日艾斯克。莫蒂埃元帅炸毁了克里姆林宫后也来到这里与大军会合。拿破仑命令将野战医院的伤病员都装上车，以免落入俄国人手里。可他万万没想到这些伤病员都成了他的好心肠的牺牲品。

这些伤兵被安置在车子的上座、前部、行李后面或者草料堆里，如果车里装满了人，则被安排在马车的顶篷上。车子只要稍为一颠簸，有些伤病员就会摔下来。可是，没有人对摔下来的伤病员加以理会，因为谁也不敢停下马车，否则就会失去在滚滚车流中的位置。跟在后面的车夫只得硬着心肠让马车从摔下的伤兵身上辗过，许多伤员便葬身于滚滚车轮之下。即使是没有摔下来的伤员，也有许多死于夜晚的严寒和饥饿。现在整个大军只能靠马肉和一点点发霉的面糊糊度日，那些因饥饿和劳累而倒在路上的马匹总是很快被饥饿的人们活生生地宰割瓜分了。

12月3日，拿破仑抵达莫罗地赫诺，并在这里收到了14封来自巴黎的信件。看完这些信件之后，拿破仑决定先行回国。在回国之前，他把大军的指挥权交给了缪拉，同时还嘱咐元帅们不要将他离开的消息公之于众，以免影响士气。12月6日，拿破仑坐上雪橇秘密回国了。

12月18日，到达杜伊勒里宫的拿破仑并没有受到夹道欢迎，整个巴黎笼罩在悲痛之中，成千上万个家庭正在为葬身疆场的儿子哭泣。这次远征俄国，法军损失了近40万大军，1000门大炮，18万匹马，以彻底的失败告终。这次惨败成为了法军永远也做不完的噩梦。

第八篇　四面楚歌英雄末路

天才人物就像流星一样：注定要燃烧自己，照亮他所在的时代。

——拿破仑

大战开始前的序曲

远征俄国回到巴黎之后的拿破仑，一回到巴黎，立即着手组织一个新的大军团。他预料到敌人一定会趁机反攻，他必须抓紧时间，赶在俄国人在普鲁士边界集中之前，迅速采取行动。拿破仑开始提前征召 1814 年和 1815 年两级新军，很快又集中了 30 万人的生力军。由于下级军官极为缺乏，军官学校中的 200 名候补生被立即任官，100 名服务 10 年以上的士官也都被提升为少尉。

经过 3 个月的不懈努力，拿破仑的新编部队已渐具规模。只是由于马匹的缺乏，骑兵尚不足额。这个新军总数为 22.6 万人，共分 12 个军。由于未来作战地区宽广，并考虑到指挥和实施后勤保障的方便，拿破仑将新的大军又分为两个军团，第三、四、六、十二军和近卫军组成了“美因军团”，这是主力军团，由拿破仑亲自指挥；由第五、十军的全部及第一、二、七军的各一部和一个骑兵师组成了“易北军团”，归欧仁指挥。

4 月 15 日，拿破仑离开巴黎，前往美因军团的集中地爱尔富特。同时，命令欧仁指挥易北军团溯易北河北上，向美因军团靠拢。拿破仑的计划是两大军团会合后，进军莱比锡，同俄普联军决战，先在南方取得优势，再北占柏林。

此时，联军步兵 64000 人、骑兵 24000 人、火炮 552 门正在莱比锡的南方柴温考、阿尔登堡地区集中，准备西进。由于库图佐夫的病逝，沙皇命令维特根斯泰因继任联军总司令。

4 月 30 日，法军两大军团会合。5 月 1 日上午，法军渡过萨勒河，分三路东进莱比锡。中路为内伊的第三军和贝西埃尔的近卫骑兵，其后跟着马尔蒙的第六军。左路为欧仁的易北军。右路以麦克唐纳的第十一军为先锋，劳累斯登的第五军殿后。在中路和右路两纵队之后，还有第四、第十二两个军。这种行军序列即为拿破仑的营方阵，它可以对付来自任何方向的敌军攻击。

渡过萨勒河不久，近卫骑兵就与敌军前哨相遇。贝西埃尔元帅被一颗炮弹打中，当场毙命。拿破仑看着死去的元帅被包上斗篷运出战场时，似乎已意识到了这场战争的艰巨性，他说：“死亡正在向我们逼近。”夜幕低垂时，拿破仑在内伊的前卫保护下，到达在莱比锡西南方向的吕岑。这个地方距莱比锡仅 12 英里。

拿破仑原本认为战斗将在吕岑的北部、离莱比锡较近的地方爆发，因此，当天上午 9 时，他率领一军向莱比锡进发。11 时，他却听到吕岑南方有炮声，知道情况有变，立即命令向莱比锡进军的部队以及在吕岑以西的马尔蒙、贝特兰等军向吕岑南方转进。

当拿破仑率领大军赶到时，内伊军正同联军苦战，反复争夺要地。内伊军损失惨重，已呈不支之势。拿破仑亲至战场，骑着马，带着第三军团的败兵反复冲锋，冒着枪林弹雨，从一翼跑到另一翼，亲自指挥整个战斗。子弹从他的耳边呼啸而过，打飞了鞍辔，他毫无惧色。皇帝的行动大大激发了法军的斗志。17 时 30 分，法军从左右两翼进逼联军，并加卡加西南集中大炮 80 门，猛轰联军中央。将联军分割成为了两个部分。然而，要彻底打败这支联军并不容易，战斗进行到傍晚，仍未分胜负。这时双方都已损失了 1 万多人，剩下的军队也都筋疲力尽。

双方在战场整修时，北面的第五军劳里斯登军已进占莱比锡，联军害怕后路被切断，匆忙向东撤往萨克森首府德累斯敦。法军由于缺乏骑兵，也未加追击。

法军虽在包岑一战中取得胜利，但付出了巨大的代价，法军伤亡 2 万余人。战场上横卧着数万名法国、俄国、普鲁士士兵，有的气息尚存，有的失去胳膊或大腿，有的被炸成碎片，其惨景令人目不忍睹。

拿破仑决定乘胜追击，直接进入柏林，联军且战且退。5 月 22 日，法军在格里茨附近击溃了退却中的联军后卫部队。在这次战斗中，迪罗克元帅中弹身亡，这一噩耗极大地震动了拿破仑。

6 月 1 日，法、俄、普三国接受了梅特涅策划的奥地利调停建议，签订了停战协议。内伊的参谋长约米尼认为签订停战协议是拿破仑一生事业中的最大错误，他应该乘胜再战，不让联军有喘息的机会。可拿破仑认为他有两点理由接受休战建议：一是缺乏骑兵，难以作大规模的攻击，二是顾忌奥国对法宣战。他准备在得到增援后再去击溃联军。当然，拿破仑也认识到这个时候签订停战协定有点冒险，他在签约后 1 小时说："如果盟国对协议不怀诚意，这次停火对我们将是致命的。"

为了拖延时间加强军队，拿破仑在不正式承担任何义务的条件下，终于同意由奥地利进行调停。1813 年 7 月 12 日，俄、普、法三国全权代表应梅特涅邀请来到布拉格，进行和平谈判。由于双方均无诚意，谈判毫无结果。

联军在休战中得到英国的 200 万英镑的援助，并扩大了联盟。根据瑞典王储贝尔纳多特的建议，亚历山大将莫罗将军请来了。莫罗将军自被拿破仑逐出法国后，一直在美国流亡。他在拿破仑手下作战多年，非常熟悉拿破仑的作战方法。他来到联军军营后，给亚历山大的第一个劝告就是："不要进攻拿破仑本人所在的那部分军队，只去进攻元帅们。"7 月 19 日，联军在莱亨巴赫会议上制定了对拿破仑作战的新战术：无论在何种环境之下，都不冒险单独与拿破仑亲自率领的主力交战；若在战场上单独与拿破仑亲自率领的主力遭遇，就应立即退却，一直等到联军兵力集中之后再来作战。

联军准备就绪，即于 8 月 10 日废止停战协定。8 月 11 日，奥地利正式对拿破仑宣战，一场更大规模的战争又开始了。

莱比锡战役

1813 年 8 月 27 日，在德累斯顿爆发了休战后的第一场大战。联军趁拿破仑率主力朝德累斯顿东南方的斯托尔本前进之机，以 15 万人的波希米亚军向此城压来。此时，守御该城的只有圣西尔军 3 万人。面对 15 万人的大军进攻，德累斯顿城处境危险。拿破仑接到急报，率主力星夜回援，4 天行程 190 余公里，终于在 8 月 26 日 10 时抵达德累斯顿。皇帝的到来给早已悲观绝望的守城将士带来希望。在将士们的欢呼声中，拿破仑开始部署一场持续三天三夜的可怕的战役。

这天夜里，拿破仑彻夜未眠。他一边在室内大步地走来走去，一边口授一道道命令，直至东方发白。27 日拂晓，大雨滂沱，法军发起进攻。缪拉率骑兵进逼联军左侧翼，纵横奋击。拿破仑则率主力乘势猛攻敌军右翼。敌人的炮火异常猛烈，年轻侍从、马夫、副官一个个饮弹倒毙在拿破仑的周围，拿破仑毫不畏惧，沉着冷静地指挥军队向敌人发起一次又一次冲锋。

28 日清晨，马尔蒙、维克托、缪拉、圣西尔四位元帅和旺达姆将军乘胜追击撤退的联军，又俘获了几千俄国人、普鲁士人和奥国人。这时，旺达姆求功心切，孤军前进，逐渐脱离了主力部队。29 日，旺达姆在库尔姆三面受敌，因后援不济，仓促应战失利，旺达姆及一部分军队被俘。败退中的联军士气为之一振。沙皇副官布杜林上校高兴地说：“库尔姆之战把本来已经遍布波希米亚谷地中的失望气氛，都一扫而空，变成了万众欢呼的声音。”拿破仑听到这一报告后，只说了一句话：“对待狗急跳墙的敌人，要么用金桥迎接他，要么用铜墙铁壁对付他。”

德累斯顿大战是胜利之神向法军的最后一次微笑，他似乎对法军已经感到倦怠了，此后，法军战事败绩累累。麦克唐纳军东击西里西亚军，在卡地兹失利；北攻柏林的乌迪诺军被贝尔纳多特的北路军击败，退往威丁堡。9 月 2 日，拿破仑命内伊先率军北进支援，代替乌迪诺指挥。自己随后率主力北上。正在此时，布吕歇尔的西里西亚军又乘机从包岑东方攻击而进，法军主力北进有后顾之忧，于是，拿破仑决定先破布吕歇尔军，再行北上。9 月 5 日，拿破仑率军由德累斯顿进至包岑，布吕歇尔避其锐气，且战且退。拿破仑正欲追击时，施瓦岑贝格的波希米亚军再次袭击德累斯顿的急报又至。9 月 8 日，拿破仑急忙退兵，欲南进迎击奥军。12 日，法军主力刚回到德累斯顿，布吕歇尔军又从东方来袭。法军主力处于联军东、南两路的袭扰之

莱比锡会战中的拿破仑与波尼亚托夫斯基

中，东奔西跑，顾此失彼，疲于应付。布吕歇尔军窥隙向北转进，内伊军7万人在德里维兹被联军击败，不可收拾。

联军在击败麦克唐纳军、旺达姆军、乌迪诺军和内伊军之后，渐向莱比锡迫进，开始了著名的莱比锡大战。

背景知识

莱比锡

莱比锡是德国萨克森州最大的城市，德国东部的第二大城市，位于萨克森州莱比锡盆地中心。它的古称是Lipsia或Lipzk，来源于斯拉夫语Липа，意思是“酸橙树”或“椴树”，歌德称它为“小巴黎”。

在1015年的一个文件中，第一次提到“莱比锡城堡”的名字。1165年这里建立了一个市场。这个日期现在被认为是城市的建城日，以后每年都要举行两次大的商业性集会；1268年颁发的特许状，使莱比锡集市更加规范化，成为博览会的雏形。

莱比锡大学图书馆

1409年，莱比锡大学成立，莱比锡开始了成为出版业中心的发展历程，此后又成为1912年建立的德国国家图书馆的所在地。从1497年起，莱比锡被允许开展博览会。1507 年，神圣罗马帝国皇帝马克西米连一世下诏，规定莱比锡周围 15 德里的范围内享有集市优先权。从此莱比锡的贸易集市地位日益突出，最终发展成今日世界闻名的博览会之城。莱比锡图书博览会是世界最大的图书交易及博览会之一。

1813 年，莱比锡成为拿破仑战争中著名的莱比锡战役（又称“民族战役”）的主战场，拿破仑的军队被普鲁士、奥地利和俄国的联军击败。为纪念这次战役 100 周年，德国于 1913 年建立了“民族之战纪念碑”。

莱比锡曾经是德国第一条长途铁路的终点站，该铁路建于 1838 年，从莱比锡到萨克森首府德累斯顿），莱比锡后来成为中欧铁路运输的重要枢纽。莱比锡车站的建筑也享有声誉，现在已成为欧洲最大的客运车站。

1863 年，斐迪南·拉萨尔在莱比锡成立了德国的第一个工人政党——全德工人联合会。1920 年，法本化学康采恩在莱比锡附近的洛伊纳建立了庞大的化学及石油工业综合体。第二次世界大战期间，莱比锡遭到盟军的猛烈轰炸，1945 年 4 月 20 日被美军第 60 步兵师占领。

从 1952 年到 1990 年，莱比锡是德意志民主共和国莱比锡专区的首府。1989 年爆发了针对昂纳克政权大规模的群众抗议活动。德国统一后，莱比锡发展十分迅速，现在居民已超过 50 万。

10 月 14 日，联军对莱比锡法军已形成夹击之势：南面为联军主力，即施瓦岑贝格指挥的波希米亚军；左翼为维特根斯泰因部队，中央为黑森王子军，右翼为巴克莱军和预备队，西北为布吕歇尔的西里西亚军，北面为贝尔纳多特的北方军。联军总共22万人，还有本尼格森所率的援军正在行进之中。

早在10月3日，拿破仑便收到联军在向莱比锡增兵的消息，但他不相信这是真的，他对传播这一消息的贝尔蒂埃大加斥责："一个人不应庸人自扰，必须有更多的决心和毅力，才能临危不惧。"直到10月6日，他才意识到事态的严重性，急令缪拉率45000人在德累斯顿附近迟滞和阻止波希米亚军向莱比锡前进；自己则率主力北进与内伊军会合，准备在联军占领莱比锡之前，迅速击破布吕歇尔军及贝尔纳多特军，然后再回师南破联军主力。为使北进兵力集中，拿破仑决定弃守萨克森首府德累斯顿。可在撤退令下达12小时后，出于政治上的考虑，怕影响萨克森的亲法态度，又派圣西尔军团去坚守德累斯顿。10月9日，法军主力北进，但为时已晚，布吕歇尔军已与贝尔纳多特军会合。拿破仑考虑继续北进难以迅速歼敌，而南方的缪拉部队又处劣势，不可能久阻联军主力，于是，放弃北进计划，回兵莱比锡。14日，法军主力抵达莱比锡。这时法军集中莱比锡的兵力达15.5万人。

莱比锡战役

1813 年 10 月 16 日上午 9 时，天上下着寒冷的细雨，地上笼罩着浓密的烟雾，联军方面发出三声号炮，史称“民族会战”的莱比锡大战开始了。联军的四个攻击集团，在炮火的掩护下，向莱比锡的法国军队步步紧逼。面对敌军凌厉的攻势，正面法军第一线部队几呈动摇之势。拿破仑本想等第三军团到达时再发动攻击，但已经来不及了。11 时，拿破仑断然下令：全线进攻。于是，一幕蔚为壮观的战争图景展开了。在炮兵火力的掩护下，缪拉带领 12000 名骑兵和紧紧跟随其后的步兵，从山脊后疾驰而上，以密集的队形直冲对方的中央阵地。这位那不勒斯国王，骁勇不减当年，挥刀冲在最前面，12000 把战刀发出森森寒光紧紧跟进。大军冲去，所向披靡，一连冲散了敌方两个营的步兵，缴获了 26 门火炮。联军一时混乱，俄、奥、普三国君主惊得跨马就逃，以免被擒。缪拉的骑兵经过一阵狂风式的奔驰以后，很快就筋疲力尽了。这时，联军调来预备队反攻，法军由于步兵不继，被迫放弃了一部分已经夺占的阵地。与此同时，北面也发生了激战，布吕歇尔军将马尔蒙军赶出阵地，并缴获了法军火炮 53 门。傍晚时分，战斗暂时停止，双方各损失了 2 万多人，胜负不分。

17 日，由于耗损过度，双方停战一天，休养兵力。拿破仑在缪拉的陪同下巡视了昨日的战场，看着战场上堆积如山的尸体，不禁陷入了沉思。这时有人来报：贝尔纳多特军和本尼格森的 11 万援军已朝莱比锡开来。拿破仑见联军已对法军形成了合围之势，恐寡不敌众，决定撤退。可他又怕撤退会引起混乱，导致士气低落，于是，改行缓兵之计。他命人将昨日俘获的奥国将军梅韦尔德带来，同他谈了一些与奥国媾和的问题。梅韦尔德说他知道奥国现在还是希望媾和的，如果拿破仑为了全世界和法国的幸福而同意媾和的话，和约马上就可以签订。

这时，拿破仑又得到一个坏消息：巴伐利亚脱离了与法国的同盟，倒向了联军，并率军至莱茵河畔，准备攻击法军在美因兹和法兰克福的交通线。拿破仑经过长久的动摇之后，决定撤退到萨勒河一线。但是，他还没来得及把自己的意图付诸实施，激战又起。联军已增加到29.5万人，几乎是法军的两倍。

联军兵分6路从东西南北合围莱比锡。面对联军优势兵力的攻击，法军被迫撤离一些难以坚守的阵地。下午3时左右，正当法军收缩兵力、联军步步进逼的关键时刻，在防守莱比锡东北蓬恩斯多夫的第七军中，竟有两个萨克森旅和一个炮兵连共约3000人，带着19门火炮投降了联军。拿破仑听到这一消息后，马上带领部分近卫军疾驰赶来增援，稳住了防御阵地。然而，法军终归寡不敌众，逐渐被联军挤压到莱比锡城里及其近郊。

10月19日，法军从各个方向撤下来，都会合到莱比锡城内，向西面唯一的出口林德瑙大桥退去。每条街都挤满了密密麻麻的撤退部队。这时，普军和瑞典军正突入北郊，奥军也从南面逼近城里。弹药车、马队、炮兵、牛羊、伤兵和随军小贩等等，都拥挤在一起，争相逃命。敌军每一发炮弹落下来，都可以听到许多受伤人的呼号声。拿破仑在经受一连串的打击后，仍然保持着一贯的冷静，他在少数侍从的陪伴下，若无其事地和混乱的人流一起渡过了林德瑙桥，仿佛周围的毁灭景象与他毫无关系。过桥后，他在林德瑙附近的一个磨房里平静地入睡了。他要等待法军全部过河，然后再继续随军西撤。

19日上午9时，沙皇要求坚守莱比锡的法军后卫部队投降，以保全该城，但遭到守城法军的断然拒绝。就在拿破仑熟睡之际，突然从远处传来了巨大的爆炸声，拿破仑惊醒了。过了一会，缪拉跑进来报告，林德瑙桥被炸毁，麦克唐纳所率的后卫部队 2 万多人被阻隔在河对岸。拿破仑听完，双手紧紧地抓住脑袋，大声吼道："这也算执行我的命令?"原来，拿破仑曾命令守桥者，只要敌方追兵已到，就立即炸毁桥梁。当布吕歇尔的少数骑兵沿河向林德瑙方向迂回时，枪声使守桥工兵着了慌，他们误以为敌人的大队追兵已到，赶紧引爆了预先放置好的炸药，炸毁了法军撤退的唯一一座石桥，结果，后卫 2 万多官兵无法过河。这时，后面的敌军已紧紧追来，法军无路可逃，只得跳入波涛滚滚的大河之中。麦克唐纳侥幸游到了河岸，其余的均葬身鱼腹。波尼亚托夫斯基军长，这位前两天才被提升为元帅的波兰亲王，也被浪涛吞没了。没来得及跳河的官兵，包括劳里斯顿、雷尼埃两位军长在内，还有 260 门大炮、870 辆弹药车全都被联军俘获。

拿破仑率残军继续退却，联军未作积极追击。10 月 20 日，在魏森费尔斯渡过萨勒河。23 日，进入爱尔福特。这时法军还剩下 12 万余人。30 日，法军快接近法兰克福时，4 万名巴伐利亚军挡住了拿破仑的退路。败退中的法军仍不示弱，集中了 50 门大炮朝敌人猛攻，巴伐利亚军大败而逃。法军通过法兰克福西撤。11 月 2 日，到美因兹。停留 7 日后，撤往巴黎。在这之前，圣西尔军在德累斯顿已成孤军，被迫投降。法军在维斯瓦河、奥得河、易北河一带的要塞全部丢失。

第一次退位

莱比锡战役之后，拿破仑的帝国面临着土崩瓦解的危险。1814 年 4 月 2 日，参议院在联军的要求下，颁布了一条法令，宣布拿破仑丧失帝位，废除拿破仑的世袭君王制度。当拿破仑接到参议院关于废黜皇帝的信件时，脸色发白，一连串的打击让他神思恍惚。大势已去，江山不保。在放弃皇位、决定退位的过程中，拿破仑的感情和抉择都反复不定。

拟好退位诏书以后，拿破仑再次召集元帅们，向他们宣读退位诏令："联盟各国既已宣告拿破仑皇帝为重建欧洲和平的唯一障碍，忠于其誓词的皇帝拿破仑宣布愿意退位，离开法国，甚至献出他的生命。这是为了国家的利益，而国家的利益又是同他的儿子、摄政政体以及皇后的权利和帝国法律的维持不可分的。"

突然，他站起来在房间里大踏步地走了两个来回，然后一头倒在一张小沙发上，用手拍着大腿，带着狂乱的动作呼喊道："不，各位先生，我不要摄政。我带上近卫军和马尔蒙的军队，明天就可以打进巴黎。"

拿破仑平静下来之后，决定让科兰古、内伊、麦克唐纳三人作为专使前往巴黎，谈判摄政一事。其实，盟国君主并不敢十分坚决地反对摄政政体，在他们的眼中，拿破仑始终是一个令人畏

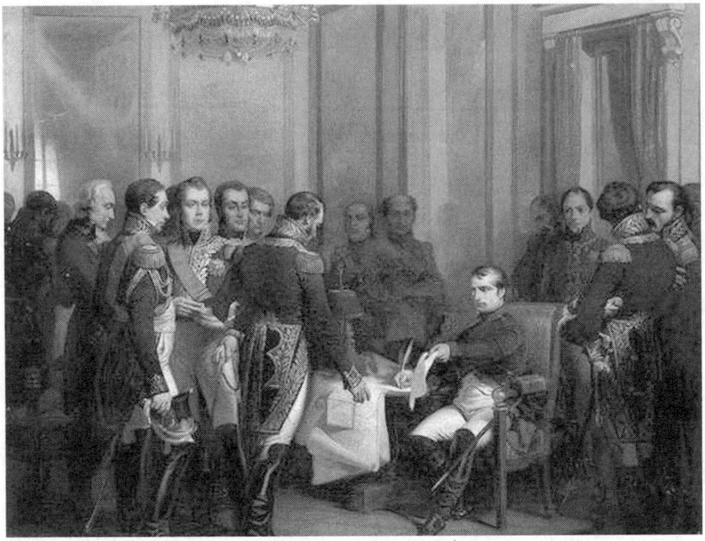

拿破仑在巴黎枫丹白露宫签署退位诏书

惧的人物，一旦把他逼急了，他是什么事都干得出来的。但是，盟国君主周围的保王党坚决反对摄政，就在这时，马尔蒙元帅率军归顺了临时政府，盟国君主见拿破仑直接掌握的主力已经背叛了他，进攻巴黎已不可能，于是，停止了动摇，把王位给予波旁王朝，路易十八正式登位。

在塔列兰的公馆里，亚历山大正式答复了三位专使的建议：摄政政体办不到，拿破仑应无条件退位。临告别时，亚历山大对科兰古说："向他保证，退位后，我们会为他提供与他等级相称的生活待遇。告诉他，如果他愿意住在我的领土内，他将受到优待，虽然那些地方的荒芜是他造成的。我永远记得维系我们两人的友情。他也可以占有厄尔巴岛或者其他什么地方。"

4 月 6 日凌晨 1 时许，内伊、麦克唐纳和科兰古回到了枫丹白露，向拿破仑汇报了出使巴黎的经过和结果。拿破仑似乎已预料到有这样的结果，他没有震怒，也没有悲哀。

盟国君主正以惴惴不安的心情等待着拿破仑的答复。当他们接到退位诏书后，心中的一块石头才算落了地。他们立即叫元帅们将联盟各国的条约定本转交给拿破仑签字。

4 月 11 日，麦克唐纳拿着条约定本来到枫丹白露。他走进房间，发现拿破仑正坐在壁炉前的一张小扶手椅上。拿破仑身穿白色灯芯绒晨衣，赤脚蹬着拖鞋，两肘搁在膝上，双手捧着头，一动也不动，似乎全神贯注于深深的思考之中。他对麦克唐纳的进入一点也没有察觉。这时，身边的科兰古轻声叫道："陛下，麦克唐纳元帅带来条约请您签字，明天要批准的。"拿破仑接过条约读了一遍，未加评论便签了字。这就是著名的《枫丹白露条约》。

《条约》规定：拿破仑皇帝及其家族放弃对法兰西帝国、意大利王国和其他国家的一切主权和统治权；拿破仑终身保留皇帝的称号，拿破仑家族成员保留亲王的称号；拿破仑皇帝拥有厄尔巴岛的完全主权和所有权，并付给他 200 万法郎的年金。

送走了元帅，拿破仑拿出在征俄战争中尤万医生给他的那瓶毒药，一饮而尽。毒性发作了，拿破仑痛苦万分。身边的侍从不知是怎么回事，急忙要去找医生，拿破仑愤怒地阻止他们这样做。痉挛的发作越来越烈，仆人们终于跑出房间叫来了尤万医生。尤万医生看见桌上的瓶子，立即全明白了。拿破仑开始抱怨毒药的药性不强，请求再给他一点毒药，但遭到了医生的拒绝。拿破仑拒绝服用任何解毒剂，痛苦持续了好几个小时，但最终因毒性不强，自杀未能成功。拿破仑坚决要求不让任何人知道这件事，他在剧烈的抽搐中说了这么几句话："要死去是多么的困难啊！而在战场上死去又是多么容易啊！为什么我没有在战场上被打死!”

流放生活

1814 年 4 月 20 日，在枫丹白露宫的正庭里，拿破仑同追随他十多年的近卫军们举行了庄严的告别仪式。当拿破仑出来时，排列整齐的士兵们举枪敬礼，旗手把老卫队的旗帜放在他的跟前。拿破仑发表了极富感情的告别讲话：

“我旧日近卫军的士兵们，我向你们告别。我随同你们在荣誉和光荣的大道上前进已有 20 年之久。在最后一段时期，如同我们全盛时期一样，你们仍不失为勇敢和忠诚的模范。有你们这样的士兵，我们的事业决不会失败。但是战争会没完没了，会变成内战，那将给法国带来更加深重的灾难。我为国家的利益牺牲了自己的一切利益，我走了。可是你们，我的朋友们，要继续为法国效劳。法国的幸福是我唯一的念头，仍将是我所向往的目标。不必为我的命运惋惜，如果说我同意苟活下去，那是要为你们的光荣效劳。我打算写作我们共同创造的伟大成就的历史。再见了，我的朋友们！我多想把你们都拥抱在我的心头，可还是让我吻这个代表你们全体的军旗吧，但愿这最后一吻一直留在你们的心坎上。”

1200 名近卫军骑兵护送着拿破仑车队前往厄尔巴岛，但按盟国规定，只能送到纳韦尔，其后便由奥地利和哥萨克骑兵部队护送。路途的头两天，近卫军中“皇帝万岁”的口号不绝于耳，沿途遇上的军队也都举枪向拿破仑致敬。善良的人们一看见皇帝的车队，纷纷收起波旁王朝的百合花徽旗，藏起他们的白色帽徽，以免身遭厄运的皇帝感到悲伤。

在枫丹白露宫拿破仑和追随他十余年的近卫军告别

21 日晚上，车队到了纳韦尔，奥地利和哥萨克骑兵换下了近卫军，拿破仑再也听不到“皇帝万岁”的呼声，听到的只是“联盟各国万岁”。23 日夜里，车队穿过了里昂城。里昂过后，气氛迥然，愈走近普罗旺斯，敌意愈大，人们大声辱骂着这个使自己失去丈夫、儿子和朋友的专制皇帝。25 日黎明，在阿维尼翁驿站，一帮手持武器的人群守候在拿破仑途经的路上，高呼“打倒暴君！打倒死神!”企图阻止车队前进。在护卫部队的保护下，车队好不容易才通过了阿维尼翁。上午 8 点，车队抵达奥尔贡，愤怒的人群蜂拥而上，用石头和木棍敲打着拿破仑的车厢，护卫部队急忙出动，车队才得以继续赶路。

拿破仑预感到前面仍会有暴力骚扰，利用小憩，脱下那件引人注目的外套，换上一件肥大的蓝色宽袖长外套和一顶饰有白色帽徽的圆帽。然后，离开自己的马车，跨上一匹小驿马，扬鞭上路。狂风怒吼，尘埃滚滚，拿破仑策马疾驶了 3 个小时后，走进了一家客栈。他自称为尼尔·埃贝尔爵士，与老板娘聊起天来。他们谈起了皇帝拿破仑，老板娘怒气冲冲地说："要把拿破仑和他的同伙扔到海里喂鱼才好呢！否则，3 个月后，他准会卷土重来。"拿破仑打断了她的话，问道："这么说，您对这个皇帝恨之入骨了，他干了什么对不起您的事?""您问这魔鬼干了什么对不起我的事？就是因为他，我的儿子、我的侄子，还有那么多的年轻人才送了命……"这番对话强烈地震撼了拿破仑的心灵，他一动不动地呆坐在那，双手支撑着脑袋，眼里噙满了泪水。拿破仑到来的消息不胫而走，他的窗外立即集结了许多愤怒的人们，拿破仑似乎有所悔悟，他平静地对身边的人说："现在我要永远告别政界。今后无论发生什么事，我都不感兴趣。如果欧洲的皇冠现在献给我，我也不要，我要献身于科学。我是对的，永远不要尊重人类！我没有亏待过他们，但是法兰西，还有法国人民，多么忘恩负义！我已厌弃了野心，再不想统治了。"

为了安全起见，车队在半夜一点悄悄启程。4 月 28 日，拿破仑登上了一艘英国军舰。5 月 4 日，在厄尔巴岛首府波托费拉约登陆。

厄尔巴岛位于科西嘉东面 50 公里的海上，接邻意大利半岛。1814 年 4 月以前，该岛属于托斯加纳公国，而此公国又是拿破仑在意大利的领地。厄尔巴岛面积不过 220 平方公里，只有 3 个小城和几千名居民。拿破仑，这个曾是欧洲最强大帝国的皇帝，如今却成了这个最小领地的统治者。他被允许保留 400 人的武装卫士。此外，约有 700 名老近卫军士兵自愿行军到厄尔巴岛来保卫拿破仑。

岛上的居民怀着崇敬的心情欢迎着这个新来的统治者。拿破仑没有心灰意懒，自暴自弃，一上岛，就怀着极大的热情来治理这个微型国家。他遣人在山麓上兴建了两幢房屋充作临时宫殿。皇宫建筑落成之后，他下令组成一个参议院。参议员由跟随他来岛的两位将军及岛上代表组成，开会时由他自己当主席，讨论一切重大事情。从此，厄尔巴岛上到处都留下了拿破仑那勤快的脚印。人们经常看到他骑着马，在地中海温和的阳光下巡视着岛上的一切。拿破仑的政治和经济才能下意识地在这个袖珍王国里施展开来。他组织了微型的但很精密的作战部来管理他的军队，改进和加强厄尔巴岛的防御措施；他制订了给人印象深刻的公共事业规划，规划中有预算、有步骤、有明确的目标；他建立了船队，进行海上捕鱼等活动；他开辟和修建道路，开发矿山，奖励农业，改进环境卫生，还创建了一座剧院；他认真地采取措施来复兴已经衰微的炼铁工业。他像以往那样，结合具体事务向部下断断续续地发出明确的指示，心醉神迷地运用着他还掌握的那一点权力。不及数月，拿破仑的辛勤劳动就结出了丰硕的成果：岛上的道

厄尔巴岛

路四通八达，广阔的山坡上种满了美丽的果树，沿海的堤岸修筑得整齐而漫长，学校教育普及全岛。来厄尔巴岛参观旅游的人无不佩服拿破仑卓越的领导才能。

在厄尔巴岛的头几个月里，拿破仑全神贯注地治理着这个微型国家。在外人看来，拿破仑似乎已十分安心于岛上的生活，他自己也对英国代表坎贝尔说：现在除了他的小岛外，什么东西都不使他感兴趣。人们万万没有想到，这个被囚禁在厄尔巴岛的失败者，竟然又创造出了令整个欧洲为之震惊的奇迹。

东山再起

1814 年 4 月 6 日拿破仑宣告退位那天，元老院召回流亡在国外的路易十八归国即位。5 月 2 日，回到法国的路易十八在圣多昂发表允诺尊重民主宪政的宣言。6 月 4 日，宪法在两院中宣读。这位身躯硕大，胖得连走路都要倚靠两边拐杖的王位继承人，穿着一件蓝色翻领大袍，胸前挂着一个旧式金牌，迈着蹒跚地脚步进入了杜伊勒里宫。波旁王朝复辟了。

路易十八执政以后，流亡国外的法国王党分子也都先后回了国。他们回到国内的第一件事便是对革命党人进行疯狂地报复。而他们的总代表路易十八并没有兑现自己回到法国时的许诺，他将素来娇生惯养且无能的贵族安排在高官显职上，领取厚薪，在短期内把1万多名军官免职。他还免除教会学校一切租税，使教会不受政府管辖，继续向人民课收“综合消费税”。他还给被枪杀的王党分子树碑立传，追封因谋杀拿破仑而被处死的卡杜达尔为贵族。而位居高官的贵族，他们所盼望的只是恢复革命前的种种特权，好让他们享受不劳而获的幸福。

国内外形势的变化没有逃过在厄尔巴岛蛰伏的拿破仑的眼睛。他一面有意从到岛上观光的游客中查询消息，一面暗地里与法国政府官员沟通消息。1815年2月，法国政治家马雷等人派遣弗勒里·德·夏布隆乔装水手来到厄尔巴岛。夏布隆向拿破仑详细地报告了国内普遍不满的情绪以及贵族们强取豪夺的无耻行径。他告诉拿破仑军队都盼着他回去。这些情况就像在拿破仑平静的生活当中投入了一颗石子，拿破仑那颗重返欧洲的雄心被激发起来了，他决定立即行动。

拿破仑将这一决定告诉了他的三个忠诚助手康布罗纳、德鲁奥和贝尔特朗，将军们听了很高兴，但他们都对这一行动有较高的怀疑度。拿破仑自信地告诉他们：他现在不是想打仗，也不是想实行专制的统治，他希望法国人民成为自由的人们。因此，他不是以武器去征服法国，而只是想在法国出现，在海岸上登陆，宣布自己的目的，要求恢复自己的王位。他十分相信自己名字的号召力，他认为整个法国一定会不经过战争、不试图抵抗就会拜倒在自己的脚下。没有武装力量不会成为这次行动的障碍。这些忠心耿耿的将军们被拿破仑的雄心壮志打动了。

一切准备工作都在秘密地进行。拿破仑似乎再次得到了命运之神的垂青。这时，负责监督拿破仑的英国代表坎贝尔正好前往托斯卡纳度假。这对拿破仑来说是一次千载难逢的好机会。1815

年 2 月 26 日的晚上，一切准备就绪。这天夜里，拿破仑率领 1000 多名还蒙在鼓里的全副武装的士兵，分乘 7 艘小帆船，船上载着几门大炮，悄无声息地离开了厄尔巴岛，开始了再度征服法国的惊心动魄的一页。

1815 年 3 月 1 日凌晨 3 时，小船队在儒昂港登陆。拿破仑把从厄尔巴岛带来的四门大炮扔在海岸上，率领着队伍沿着阿尔卑斯山脚地带向北挺进。他决定不费一枪一弹赢得整个法国。他每经过一个城镇，就向市民和士兵发表激情的演说，告诉大家他的使命就是恢复法国的秩序，给祖国亲爱的同胞们一个适合民情的宪法。他向大家保证不再用战争来赢取光荣，不再以武力来支配欧洲各国，法国要与欧洲各国和平相处。法国民众对无能的波旁王朝早就心怀不满，尤其怨恨流亡贵族回来后重新霸占了他们在革命时期分到手的土地，如今拿破仑那发自内心的演说及其勇敢、冒险的大无畏精神深深地感动了他们，拿破仑又成为他们心目中理想的领导者。拿破仑所经过的城市，都悬挂起三色旗，各

拿破仑离开厄尔巴岛

地驻军都奔向他的怀抱，他的队伍像滚雪球一样，越滚越大。

昏庸无能的波旁政府在3月2日才得知拿破仑在法国登陆的消息，这个消息引起了波旁政府的恐慌，立即派遣军队前去阻止拿破仑。3月7日早晨，拿破仑的队伍在格勒诺布尔附近的拉米尔村，与王室军队相遇，这时的王室军队已排成战斗行列，截断了道路。拿破仑意识到仅靠自己的队伍还不足以对付前面的庞大军队，若是有激战肯定会有伤亡，这也违背了当初的保证。拿破仑再次显示出他的军事天才，他命令士兵左手持枪，枪口朝下，跟着他前进。双方越来越接近了。当队伍快接近步枪的射击距离时，拿破仑用手势让他的士兵停止前进，他一个人继续向前走着。王室军队的士兵们端着枪呆住了，目不转睛地看着这个迈着坚定的步子向他们走来的穿着灰上衣、戴着三角帽的人。“第五团的士兵，你们不认识我吗？”拿破仑的喊声打破了死一般的寂静。“是皇帝，是皇帝。”士兵们开始叫了起来。拿破仑解开上衣，露出胸脯，大声道：“你们当中谁想打自己的皇帝？那就开枪吧！”王室军队顿时乱了队形，士兵们一起奔向拿破仑，高呼：“皇帝万岁！”他们把拿破仑团团围住，吻他的

拿破仑在法国南部登陆

手，吻他的膝，有的竟像孩子似地哭了起来。所有派来保卫格勒诺布尔的军队整团整团地加入拿破仑的队伍行列。甚至有的指挥官在拿破仑的还没有到来的时候，就把自己的团队集中起来，高呼着“皇帝万岁”到前线去迎接拿破仑。拿破仑在士兵和郊区群众的簇拥下，凯旋般进入格勒诺布尔。

此后，拿破仑的队伍迅速扩大，人数达到 7000 人，火炮已有 30 门。拿破仑真正地形成了一股卷土重来之势。拿破仑沿途发布命令，派出使者，搜集情报，为不断增加的军队任命指挥官，委派地方官吏。

拿破仑“众望所归”

3 月 10 日，拿破仑兵临里昂城下，麦克唐纳率军迎战。但当他的队伍一见到拿破仑，便高呼“皇帝万岁”的口号。瞬间，他指挥下的所有部队和拿破仑的军队组成了一股洪流。麦克唐纳见势不妙，唯恐当了自己士兵的俘虏，骑马逃出城去。

第二天，拿破仑检阅了里昂的守卫部队。所有的桥梁、堤岸、街道上都挤满了男男女女的人群，人们跟在拿破仑后面，渴望更近地看看他，听听他的讲话，摸摸他的衣服。“皇帝万岁”的呼声响彻里昂上空。

旦夕不保的波旁王朝惊恐万分，急忙派遣内伊元帅率领大军前去对付拿破仑。路易十八和他的波旁王朝都把自己的命运和希望寄托在内伊身上。3 月 12 日，内伊元帅来到里昂以北的夏尼附近，对部队作了慷慨激昂的动员，但他得到的只是一片沉默和白眼。内伊望着这支毫无生气的军队，心中充满了不安。

3 月 13 日夜晚，内伊元帅被人从睡梦中唤醒，来人告诉他，他的一部分炮兵部队和骑兵连卫队哗变，全都投奔到拿破仑那边去了。天刚亮，内伊又接到新消息：许多城市把保王党政权赶走，投到拿破仑的麾下，皇帝正在向夏尼前进。士兵们愁眉不展，内伊也在动摇不定。正在这时，内伊收到掷弹兵送来的纸条，上面写着："内伊，我将像在莫斯科近郊之战后的第二天那样接见你。——拿破仑。"内伊的动摇结束了，他立即集合部队，拔出长剑，大声喊道："士兵们！波旁王朝的事业永远失败了。法国自己选择的合法朝代正升上皇位。以后应该由皇帝、我们的君主来统治这个美丽的国家。"士兵们欢呼起来："皇帝万岁！内伊元帅万岁！"内伊率全体将士投奔了拿破仑。

现在，向巴黎进发的早已不是从厄尔巴岛下海时那支不整齐的小队伍，而完全是一股强大的、谁也无法阻挡的洪流了。3 月 19 日夜晚，拿破仑带着自己的前锋进入枫丹白露。1815 年 3 月 20 日晚上 9 时，拿破仑在随从人员和骑兵的前呼后拥下进入了巴黎。

还在离皇宫广场很远的地方，就传来了簇拥着拿破仑的群众的欢呼声，这些欢呼声每分钟都在加强，最后变成震耳欲聋的欢乐的狂涛。当拿破仑的车队接近宫前广场时，在宫旁等候的巨大人群像发了疯似地冲上去。车队被这来自四方的人流包围着，无法行走。骑马的近卫军试图打开道路，但无济于事。人们哭泣着，喊叫着，向马扑去，向马车扑去，什么也不想听。最后，人们不顾一切地冲开皇帝的随从人员，把马车打开，在经久不息的叫喊声中把拿破仑抬进宫去，送上二楼的房间。

决战滑铁卢雄鹰折翼

伴随着拿破仑重返巴黎，掌握政权，外国同盟国拒绝了拿破仑抛出的橄榄枝，又重新组成了对抗拿破仑的同盟军。同盟国联军兵分5路开始了大举进攻法国的行动。英荷军团93000人，由英国的惠灵顿公爵指挥，普鲁士军117000人，由布吕歇尔指挥，这两个军团1815年6月14日集结完毕，部署在比利时的布鲁塞尔及其以东一线；奥地利军约21万人，由施瓦岑贝格指挥，在莱茵河上游集中；俄军15万，由巴克莱指挥，在莱茵河中游集中；奥意军 75000人，由弗里蒙特指挥，在意大利北部的德意边境集中。同盟国经过协商决定，在6月27日到7月1日之间越过法国边界发起进攻。战争的气氛越来越

滑铁卢之战前夜

浓了，拿破仑时刻在关心着联军的动向，心里已经开始盘算起自己的作战计划。

惠灵顿把阵地设在布鲁塞尔以南约 22 公里、滑铁卢以南约 3 公里处的一片丘陵地带上，并把圣杰安山高地作为主阵地，因为从那里可以俯视整个战场。阵地右翼的霍高蒙特别墅是惠灵顿的重点防御之处，他在这里使用了英国近卫军。而荷兰军和其他盟国的杂牌部队则被安放在中央和左翼阵地上并在左翼的最外端，配备了英国的骑兵旅。同时，在中央阵地圣杰安山与前沿阵地之间，保持有比较强大的预备队，联军火炮的大部分都配备在这里。惠灵顿曾给炮兵作出明确规定：不要理会法军的炮兵，集中火力直接射击逐步推进的敌军步兵和骑兵。

根据联军阵地的部署，拿破仑制定了一个佯攻霍高蒙特别墅以牵制敌军兵力从而保障中央突破的作战计划。在这项计划中，拿破仑决定集中主力首先突破联军防御薄弱的中央阵地，抢占圣杰安山，然后向两翼扩大战果，将敌人一分为二，各个击破。

法军原定的进攻时间为上午 9 时，可是，绵绵细雨一直下到 8 点整。拿破仑吃完早餐便赶往各处视察战前部队。视察当中，一位炮兵军官向他建议说，最好将进攻时间推迟 3 小时，因为雨刚停止，泥泞的地面会使骑兵和炮兵难以行动，而且炮弹陷入泥中，会使杀伤力受到影响。出身于炮兵军官的拿破仑欣然接受了这一建议。

11 时 30 分，法军 80 门大炮同时向英军阵地轰击，会战开始了。担任佯攻的第二军第六师奉命出动，向霍高蒙特逐步逼近。该师师长是拿破仑的弟弟热罗姆。拿破仑的这个弟弟虽年过 30，却是一个不成器的皇家少爷。他带领军队两次冲锋，占领了霍高蒙特南面的一片树林。按照拿破仑的计划，攻击应到此为止，下一步是巩固所占领的地盘，以便进一步牵制和吸引更多的敌军。军长雷耶也一再命令，不要进攻霍高蒙特别墅的主体。但热罗姆舍不得放弃这个看上去似乎是唾手可得的霍高蒙特别墅，竟置命令于不顾，带领部队继续向前冲击。结果，3 次冲锋均被打退，损失惨重。军长无奈，只得再抽调一个旅去支援这位御弟，致使攻击霍高蒙特的兵力达到 12000 人。面对十倍于己的法军，英国近卫军进行了顽强抵抗，一次又一次地打退了法军进攻。法军陷入了毫无意义的苦战之中，不但没能把英军主力吸引过来，反而把自己的兵力给拖进去了，佯攻变成了不断增兵的硬攻。

滑铁卢战役

下午 1 时左右，拿破仑准备命令第一军发起进攻。实施中央突破。在下令之前，他习惯地拿起望远镜，向敌人的后方和侧翼进行观察。突然，他发现在东北方向约 10 公里以外的一片树林边上，有一块黑压压的东西。接着，所有的望远镜都看见了这块东西。这是一片树林呢？还是一支正在接近的军队？参谋人员说法不一。凭着久经沙场的丰富经验，拿破仑判定那是一支部队。可又是哪方的部队呢？一时间，谁也说不清。

没过多久，法军的侦察兵押来了普军的一个骠骑兵上尉。

从他的身上搜出了一些文件，这些文件表明那块黑压压的东西正是准备前来攻击法军右翼的普军第四军的前卫，普军上尉对这一事实供认不讳，却隐瞒了在第四军后面还有第一、第二军的情况。面对情况的突变，拿破仑表现得异常镇定，他坚信在普军赶来增援之前，法军能够消灭当面的敌人。根据拿破仑的判断既然普军第四军已经前来侧击法军的右翼，那格鲁希的军队也应该前来侧击该军的左翼。于是他立即命令苏尔特给格鲁希写信让他率部队与拿破仑会合，同时，拿破仑还命令两个骑兵师和第六军迅速赶到圣南贝特去，阻止普军向滑铁卢前进。

下午 1 时 30 分，法军全面进攻开始。第一军从左至右一线排开，左翼为第一师，在轻骑兵旅的支援下，进攻敌军中央阵地正前方的拉海圣庄园，其余三个师进攻敌军的左翼。法军从四面围攻拉海圣庄园，人数处劣势的拉海圣庄园守军几呈不支之势。惠灵顿急忙派出一个营前去增援，不料该营在前进途中就被法骑兵冲散了。由于拉海圣庄园的主体是个非常坚固的砖石建筑物，守军龟缩在里面进行顽强的抵抗，法军一时难以攻占。

与此同时，其他三个师依仗优势兵力和强大的炮火，攻击进展异常迅速，很快就占领了前沿阵地。登上丘陵顶部的法军被这来之迅速的胜利冲昏了头脑，他们不断地欢呼着，拥抱着，战斗队形荡然无存。就在法军欢呼胜利、得意忘形之时，隐蔽在山脊北侧反斜面上的一个英军步兵师，突然从树丛后面冲杀出来，与法军展开了激烈的肉搏战。

惠灵顿见山顶的肉搏战一时未分胜负，及时调上了两个骑兵旅共六个团，对法军进行反冲击。面对陡增的英军，法军支持不住，开始败退。英军乘胜追击，一直冲上了法军的进攻出发地，摧毁了法军的部分炮兵发射阵地。拿破仑见势不妙，立即投入了两个骑兵旅。运动速度已经减慢的英军面对着如猛虎下山般的法军，不得不仓皇退去。在这一回合中，法军损失近 4000 人，并被英军缴获去了两面军旗。英军方面，原部署在阵地上的 4000 人全被消灭，而在反冲击中，又损失了大约 2500 名优秀骑兵。

惠灵顿公爵

这时，内伊突然发现敌军中央阵地上的守军正在向阵地后面退去，他以为英军开始撤退，因而不待拿破仑下令，不顾敌军两个据点尚未攻克而存在的危险，自作主张，命令米豪德的骑兵师和部分近卫骑兵约 5000 人，对敌主阵地发起冲击。4 时左右，在炮火的掩护下，5000 名骑兵如潮水般向霍高蒙特和拉海圣之间狭窄的正面上冲去，很快就冲上对方阵地，俘虏了联军全部火炮。惠灵顿见此情景，立即调拢步兵，排成严整的方阵实施反冲击。这时，法军步兵没有跟上，炮兵也因怕误伤自己人而停止射击，结果，5000 名骑兵难以继续前进，无法突破发射着猛烈排枪火力的敌军步兵方阵。正当法军骑兵前进受阻的时候，惠灵顿又将他的 5000 名骑兵预备队投入了战斗。形势立即发生逆转，法军再次被打退，原已成为法军战利品的联军火炮，又在背后响了起来。

拿破仑见法军骑兵的冲击被打退，心急如焚，他不顾苏尔特的劝告，抛出了法军骑兵的全部预备队，对敌军阵地发起第二次大规模的进攻。顿时，战场上蹄声轰鸣，尘土蔽日。内伊一马当先，万名骑兵紧随其后，如同旋风一般向敌方阵地卷去，狭小的战场上马头挤着马头，后面只有一个骑炮连伴随掩护，步兵们没能跟随前进。这时，联军也加强了防御力量，英军炮兵不断进行猛烈的射击，步兵也充分发挥了排枪的火力，结果，法军一连五次大规模的冲击全被打退，损失惨重。

下午6时过后，法军进行了第六次冲击。内伊已打得眼红，他大声喊叫着，不顾一切地冲在骑兵队伍的最前头。战斗中，他的三匹坐骑连续中弹倒毙，他毫无惧色，换上别的坐骑，依然率部前进。

拿破仑在滑铁卢战役

英军受到内伊连续六次的猛攻，伤亡极其惨重，几乎到了山穷水尽的地步。拉海圣的守将向惠灵顿求援，惠灵顿无可奈何地说："在这种情况下，让大家都牺牲在自己的岗位上！我已经没有援军了。不过，即使牺牲到最后一个人，我们仍然要坚持到布吕歇尔的到来。"

经过长时间的激战，法军终于攻占了拉海圣。正当法军猛攻英军主阵地之时，法军右翼突然传来了一片呼喊声和射击的轰响声。原来，布吕歇尔率领的3万人打退了前去阻击的法军，赶到了战场。几经激战之后，普军占领了距离拿破仑指挥所只有1000多米的南普西特村。拿破仑希望在布吕歇尔军后面看到格鲁希的部队，可格鲁希军始终未见踪影。拿破仑立即命令一个老近卫军营和一个中年近卫军营投入战斗。这些久经战阵的勇士，在咚咚战鼓声中，端着刺刀猛冲。他们一枪不放，进行白刃格斗，只用了 20 多分钟，就收复了南普西特村，然后把它交给了青年近卫军去防守。

右翼阵势稳定之后，拿破仑又把精力集中到正面攻击上来。他清楚地知道，眼前的英荷联军已是筋疲力尽、千疮百孔了，谁胜谁负，就在这最后一举了。他把剩下的 8 个近卫军营全部交给内伊指挥，要求他作好最后一次冲击。

最后的冲击开始了，战场上出现了一幅最为壮观的景象：大约 4000 名身经百战的近卫军官兵组成了一个排列极为严密的进攻方阵，他们同内伊的部队一起，在猛烈的炮火掩护下，向敌军阵地挺进。法军很快突破了联军的防御，冲到了山顶上的英军阵地。眼看就要大功告成了，突然听到惠灵顿一声令下：“近卫军，起立，准备战斗!”从山后的反斜面上一下子出现了两个营的英近卫军，他们等法军离他们只有五六十步的时候，一齐猛烈地开火。面对仿佛是从地底下冒出来的英军，法军来不及还击，就一排排地倒下来了。在不到一分钟的时间里，这支战无不胜的近卫军就丢下 300 多具尸体，向后退去。与此同时，其他地段的英军也积极地对主阵地进行支援，普军的两个军则更加猛烈地向法军右翼发起进攻。法军两面受敌，阵脚大乱。这时的拿破仑再也没有预备队可用了，惠灵顿意识到发起全线反击的时刻已经到来了。他骑马来到阵前的突出部位，脱下帽子在空中摇晃着，大声喊道：“是时候了，我的孩子们!”反击信号一经发出，4 万名联军官兵气势汹汹地从山上直扑下来，法军招架不住，纷纷败退。

拿破仑见势不妙，匆忙赶到拉海圣以南，重新集中了三个近卫军营。他亲自带领这三个营屹立在阵地前沿，企图阻止溃逃的法军，以便稳住阵脚，组织再战。英军攻到近前，见屹立在阵地边的法军有如铜墙铁壁，不禁胆寒起来，停止了进攻。惠灵顿见此情景，当即大声喝道："上，上，他们是顶不住的!"英军再次冲了上来，列成方阵的法近卫军拼命抵抗，终因势单力薄，不得不败下阵来。他们且战且退，掩护拿破仑撤出了战场。其他地方的法军也在普军的进攻下，朝不同方向四散逃命去了。

滑铁卢一战，法军死伤25000人，被俘虏8000人，其余大部分逃散了。惠灵顿军团死伤15000人，布吕歇尔军团死伤7000人。那一天前还是青翠碧绿的田野和山坡，此时铺满了血肉模糊的尸体、伤员以及无数残缺的肢体，绿色的平原变成了血的海洋。

法国彻底地战败了，曾经插遍了几乎整个欧洲大陆每一个角落的鹰旗在这凄凉的夜风中无声的跌落了，拿破仑这只雄鹰曾经叱咤风云，不可一世，带领着法军飞跃了一个又一个的战场，如今已经彻底地折断了双翼，连同这面鹰旗一起永远地陨落了。

二次退位

再也无法展翅的拿破仑失魂落魄的回到了巴黎。1815 年 6 月 21 日早晨到达爱丽舍宫时，他已经是筋疲力尽，不愿意再多说一句话，只是吩咐随从自己要沐浴，然后不等随从离开便迫不及待地入浴了。

洗完澡，他回到房间，像往常一样修剪起胡须来，马尔尚为他更衣，约瑟夫和吕西安也来到了他的房间。

之后，拿破仑召开了他的内阁会议。这次会议开了很长时间。大臣们争论不休，康巴塞雷斯、卡尔诺和马雷等一些有胆识的大臣建议拿破仑走到议员当中，用威严的声音震撼他们，宣布两院休会或者是干脆解散议会；但是更多的大臣对这项提议表示了异议，认为这样一来会引起内战，而皇帝饱经劳累，这时不再适宜置身于群情汹涌的议会风暴中。拿破仑并没有理会大臣们的提议，他对漫长的会议感到十分厌倦，勉强打起精神宣称：大势并非已去，能够拯救法国的是他，而不是议会。

然而这次两院已经通过了决议，公然开始背叛他了。前线传来了惨败的消息让议会感到痛心不已，因此毫不迟疑地达成了一项提案：议会无限期开会，并宣告任何解散议会的企图为叛国罪行，同时议会还对外宣称国家处于危险期，拿破仑必须退位才能保证国家的安全与和平。

形势对拿破仑来说越来越不利了，但是他似乎并不打算做任何应对。他在爱丽舍宫御花园中来回地走来走去，脑子中却一直在思考他的战争。外面传来了工人们的高呼声："皇帝万岁！打到叛变者！拥护皇帝或者死亡！不需要退位！要皇帝和国防！打倒议会!"拿破仑对他们报以微笑，眼神当中流露出几分愁绪。

第二天议会得到消息，拿破仑大军的残部正在拉昂集结，准备重新燃起战火。议会不再迟疑，立即向爱丽舍宫发出了书面通知，要求拿破仑必须退位，否则就要罢黜他，议会只给了拿破仑一个小时的思考时间。午后不久，拿破仑依照大臣们的意见，采取了最后一步，了结了自己一生的功业。

二次退位的拿破仑

1815年6月23日，拿破仑签署了他平生第二次退位诏书。

两院接到拿破仑的退位诏书后，为了表示对逊位皇帝应有的敬意，他们派了一个委员会前去答谢拿破仑。拿破仑最后一次身穿黄袍，接见了前来致谢的委员会，各位国民大臣都随侍在侧。拿破仑脸色苍白而凄惨，却依然坚定、威严。

随后，议会立即任命一个五人执政委员会，由卡尔诺、科兰古、富歇、格雷尼埃和基内特组成，富歇被选为主席。

拿破仑的百日政权结束后，法国的边界再次缩小了，这次是退回到了1789年的版图。此外，法国还被迫缴纳70亿法郎的战争赔款，联军占领了法国。7月24日，大腹便便的路易十八再次登位，随即便展开了疯狂的报复行动，下令以叛国的罪行逮捕政府官员约57人，包括19名将军。

绝望的小岛

拿破仑最后屈从了他的命运。他是一个清醒的现实主义者，他早已明白，他的敌人是绝对不会再给他另一个东山再起的机会，这次真的是穷途末路了。眼下对他最重要而又最紧迫的事情就是尽快挑选出 3 名忠实的随从跟随他一起去圣赫勒拿岛，伴随他度过人生最后的时光。

圣赫勒拿岛是 1502 年由葡萄牙人发现占有的，现在则归英国东印度公司管理。它距离南非的开普敦 1750 英里，距离南美洲 1800 英里，距离英国 4000 英里，离它最近的陆地，是 700 英里外的亚森欧岛——也是空阔的大西洋上另一个属于英国的火山岩小岛。不说也可明白，圣赫勒拿岛这种孤立的位置，正是英国人所以选中它作为拿破仑的第二个流放地的理由。

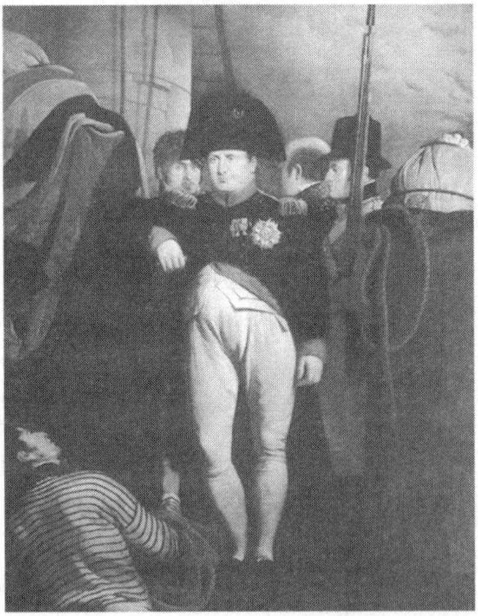
拿破仑在流放途中

海岛上居民们的情绪，随着等待诺桑伯兰号的到来而与日俱增，他们的心情是好奇而又恐惧，因为拿破仑的名气，像远方的雷声一样传到他们的耳里，给人们形成的却是一个传奇式的、比实际大大失真的可怕的形象，他被称为“蜂妖”。保姆在孩子不听话的时候，就拿“蜂妖”这个名字来吓唬他们。

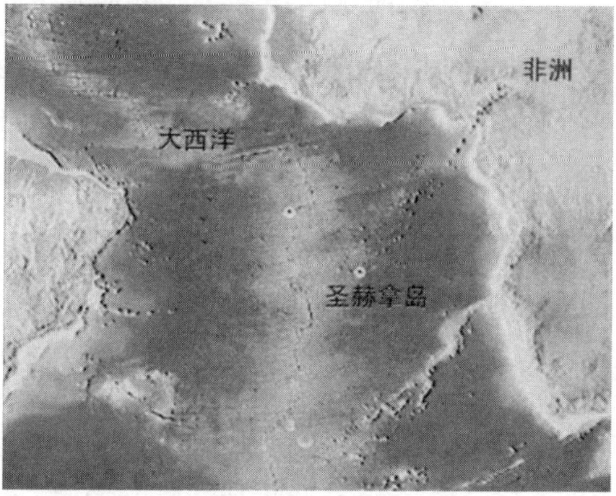

圣赫勒拿岛

因为岛上还没有一座像样的建筑可以接待这样一位特殊的俘虏，拿破仑上岸后，暂时寄居在英国商人巴尔科姆家中。两个月后，他搬进了经过扩建的朗伍德别墅。为了杜绝拿破仑逃跑的任何一个微小的机会，英国人采取了森严的警戒办法。他们在朗伍德的四周划出了一块周长约 12 英里的地方，拿破仑可以在此范围内自由运动，无须任何陪伴。在此界外，则布置了一连串的哨兵，除非有一名英国军官陪同，否则拿破仑不得自由出入。在房屋的进门处也布置了岗哨，巡逻兵来回不断。晚上 9 点以后，拿破仑不得擅离房屋，不凭口令任何人不得随便进出。岛上每个登陆地点，甚至类似登陆地点都设有哨兵，连通向海面的每条羊肠小道上都布置了岗哨。

这位天才的活动家身陷囹圄，毫无作为，他只有在这被人遗忘的海岛上默默等死。为了打发孤寂无聊的时光，他和小女孩一起做游戏，和园丁们一起修剪花木；他大量地读书、骑马，与人交谈，口述自己的历史。他的才智在衰退，意志在消沉，精神受到压抑，心理上的毁灭加上胃部的病变使他的健康每况愈下。1820 年末，他的病情加剧，精神越来越差。

他往往几个小时沉默不语，忍受着来自胃部的剧烈疼痛。1821 年 1 月，他试图用体操来制服疾病，可他发现自己力不从心，体力在迅速下降。3 月，病痛发作越来越频繁，发烧、呕吐、胃部及肩部疼痛使他苦不堪言。他开始意识到自己活不了多久了。

4 月 13 日，拿破仑开始口述他的遗嘱。尽管病痛在不断地折磨着他，他还是对遗嘱字斟句酌，反复推敲。他认为君主的遗嘱首先应是一份政治文件。这份遗嘱中有评论、有解释，还有谴责。

5 月 4 日夜是拿破仑临终前的最后一夜。他不停地呻吟，直打呵欠，显得异常痛苦。他喃喃自语："谁在后退……军队首领……冲锋……"这天夜里，岛上掀起了最猛烈的风暴，狂风拔起了大树，刮走了小屋，震动了朗伍德别墅。第二天，当晨光照亮了狭小的房间时，风暴平息了，拿破仑已僵硬得如同一座横卧的雕像，眼角边还挂着一颗泪珠。不过，医生还可摸到他那一息尚存的脉搏。下午 5 点 50 分，一声炮响划破长空，太阳落山了，拿破仑也停止了呼吸。

哭泣着的仆人马尔尚把一件拿破仑曾在马伦哥战役中穿的大氅盖在他的身上。然后，总督和军官们走了进来，向死者低头致哀。

4 天以后，岛上的人为这位征服者举行了葬礼。在礼炮的轰鸣声中，棺木徐徐下葬在圣赫勒拿岛上的托贝特山泉旁。在这幽静的峡谷深处，几棵垂柳掩映着一淙流水，秋海棠、海芋和美人蕉竞相开放。拿破仑，这位一度叱咤风云、有功也有过的盖世英雄，便长眠在这些绿叶鲜花之下。

19 年后，法国七月王朝的路易·菲力浦派军舰到圣赫勒拿岛接回了拿破仑的遗骨。1840 年 12 月 15 日，巴黎人民满腔热情地举行了隆重的接灵仪式。数不尽的人群冒着严寒、迎着风雪，护送着灵柩前往塞纳河畔的荣军院。从此，拿破仑的遗愿得到了实现，他以一个老兵的身份安息在塞纳河畔，安息在他热爱的法国人民中间。

拿破仑遗骸被运回巴黎

附　录

拿破仑年表

1769 年 8 月 15 日，出生于科西嘉岛阿雅克修城的一个破落贵族家庭。

1779 年 4 月 25 日，在法国布里埃纳军校学习军事。

1784 年 10 月，奉命转入巴黎王家军校。

1785 年 9 月，拿破仑以少尉衔毕业。

1785 年 11 月，开始在瓦朗斯“拉费尔炮兵团”服役。

1789 年，法国爆发了资产阶级革命，拿破仑同情革命，一时成为雅各宾派的拥护者。他三次回到故乡科西嘉岛，积极开展争取科西嘉岛自治和自由的活动。由于受到当地亲英反法的保利集团的排挤，被迫举家迁至法国本土。

1793 年 7 月，拿破仑带兵一举攻下了保王党的堡垒土伦，深受雅各宾派奥古斯都·罗伯斯庇尔的赏识。

1794 年 1 月 14 日，被任命为少将、炮兵旅长。热月政变发生后，雅各宾派共有 103 人遇害，拿破仑亦受牵连，于 8 月 5 日被捕。后经审讯，无罪释放，但被免去少将、炮兵旅长职衔。拿破仑一时困居巴黎。

1795 年 10 月 4 日，巴黎发生保王党人的武装叛乱。督政官巴拉斯请来拿破仑帮助平息叛乱。拿破仑用大炮一举击垮了叛乱者，挽救了危局。督政府晋升拿破仑为陆军中将、巴黎卫戍司令。一夜之间，穷困潦倒的拿破仑成为军界和政界无人不晓得大人物。

1796 年 3 月 2 日，年仅 26 岁的拿破仑被任命为法国意大利军司令官，从此开始了独立作战的生涯。3 月 9 日，拿破仑与巴黎著名的交际花约瑟芬·博阿尔内匆匆举行了婚礼。两天后，他告别新婚妻子，赶赴意大利军团上任。他统率数万大军直驱意大利，与处于优势的第一次反法同盟军奥军和撒丁军连续作战，取得了一系列的辉煌胜利。从意大利凯旋巴黎时，他暗下决心，要做一统天下的社稷首领。崛起的拿破仑使督政府感到了威胁，督政官员们决定把他调到远离巴黎的地方去。

1798 年 4 月 12 日，拿破仑被任命为法国埃及军（东方军）司令官。5 月 18 日，拿破仑挥师东下，远征埃及。他希望借助新的胜利来实现自己的理想。

1799 年 8 月 22 日，拿破仑秘密离开埃及，返回巴黎。

1799 年 11 月 9 日，（雾月十八）拿破仑发动政变，推翻督政府，建立三人执政。

1800 年 6 月 14 日，拿破仑在马伦哥大败奥地利军，迫使第二次反法同盟解体。拿破仑利用欧洲大陆短暂的和平，励精图治，发展国力，一时间法国出现了繁荣昌盛的局面。

1802 年 8 月 4 日，法国颁布《共和十年宪法》，拿破仑为法兰西共和国终身执政。

1804 年 3 月 21 日，拿破仑正式颁布《法国民法典》。

1804 年 5 月 18 日，《共和十二年宪法》颁布，宣布法国为法兰西帝国，拿破仑为帝国皇帝。

1804 年 12 月 2 日，拿破仑在巴黎圣母院举行加冕典礼，称拿破仑一世。

1805 年 8 月 9 日，奥、英、俄结成第三次反法同盟，拿破仑率军东进应战，取得了乌尔姆、奥斯特里茨等大战的胜利，俄皇、奥帝狼狈而逃。拿破仑乘胜在南德、中德、西德各诸侯国组成“莱茵同盟”，把它置于自己的保护之下。

1806 年秋，英、俄、普等国组成第四次反法同盟。10 月 1 日，普鲁士率先对法宣战。14 日一天当中，法军同时在耶拿和奥尔斯塔特打了两个漂亮仗，普军几乎全军覆没。10 月 27 日，法军进占柏林，海涅曾夸张的说：“拿破仑一口气，吹去了普鲁士。”接着，法国东击俄军。

1807 年 6 月 14 日，拿破仑在弗里德兰大败俄军，俄皇被迫求和。为了窒息英伦三岛，严格实行“大陆封锁”政策，1807 年 10 月，拿破仑发动了征服伊比利亚半岛战争。法军入侵激起岛上人民的强烈反抗，法军很快陷进了民众战争的泥潭难以自拔。拿破仑不得不吞下自己种下的苦果。

1809 年初，因对付普、奥等国的第五次反法同盟，拿破仑不等西班牙战事结束，就匆匆率兵一部回国，东征奥地利。

拿破仑凭着他那钢铁般的意志，转败为胜，迫使奥地利再一次割地求和。

1810 年 3 月，拿破仑与奥地利长公主玛丽亚·路易丝结婚。拿破仑帝国达到极盛时期。

1812 年 6 月 21 日，50 万法军兵分三路进入俄罗斯。军事准备的欠缺、俄国寒冷的天气和俄军坚壁清野的战术使得法军几乎全军覆没。

1812 年 12 月 18 日，拿破仑返回巴黎。对俄战争以失败告终。

1813 年，欧洲第六次反法同盟成立，拿破仑率军与联军作战并取得了一系列的胜利，但经历连年战争的法国终于抵不上整个武装起来的欧洲，最终在莱比锡战役中战败。

1814 年，联军向法国本土进军。3 月 31 日，法国元帅马尔蒙拱手将巴黎让给联军。

1814 年 4 月 6 日，拿破仑被迫签署退位书。

1814 年 5 月 4 日，拿破仑被放逐到意大利的厄尔巴岛。波旁王朝复辟。

1815 年 2 月 16 日，拿破仑离开厄尔巴岛，避开英国舰队的监视，乘船向法国本土进发。

1815 年 3 月 20 日，拿破仑重返巴黎，建立“百日王朝”。

1815 年 3 月 25 日，英、俄、普、奥等国组成第七次反法同盟。

1815 年 6 月，法军在滑铁卢战役中覆没，拿破仑第二次退位。

1815 年 10 月，被流放至圣赫勒拿岛。

1821 年 5 月 5 日，拿破仑在圣赫勒拿岛上病逝，终年 52 岁。

1840 年 12 月 15 日，法国七月王朝儒安维尔亲王率军舰前去圣赫勒拿岛，将拿破仑的遗体接回祖国。